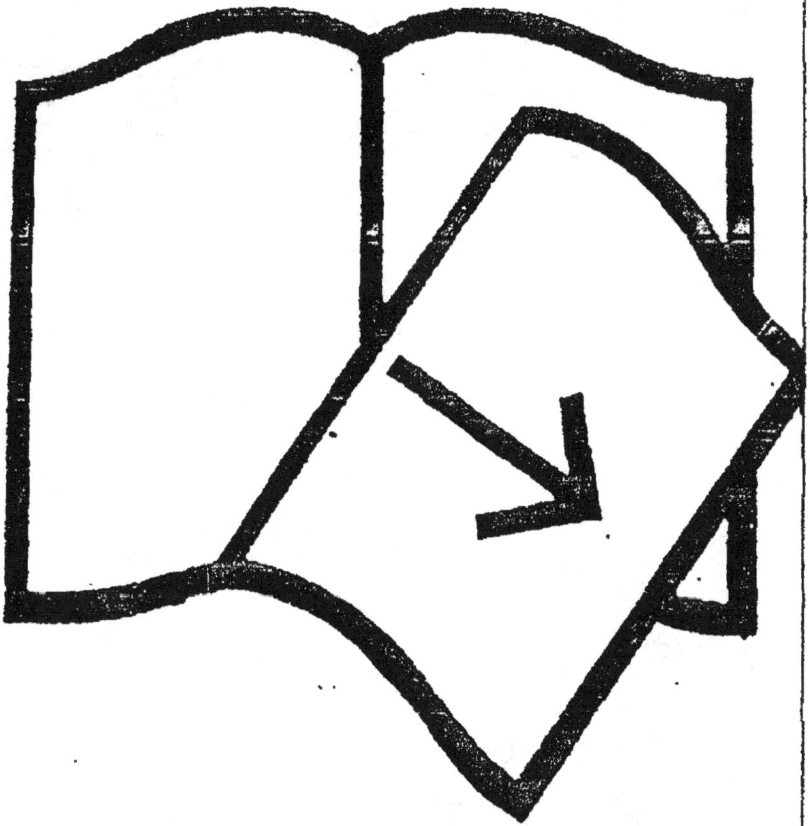

Couvertures supérieure et inférieure manquantes

CÉSAR
DORPIERRE

DU MÊME AUTEUR

AU VILLAGE
NOTES D'AMOUR ET CROQUIS

Un volume grand in-18. 3 fr.

SAINT-DENIS. — IMP. LÉON MOTTE, 20 BIS, RUE DE PARIS.

ALEXIS PONSON DU TERRAIL

CÉSAR
DORPIERRE

PARIS
AUGUSTE GHIO, ÉDITEUR
PALAIS-ROYAL, 1, 3, 5 ET 7, GALERIE D'ORLÉANS

1889

Tous droits réservés

A Mᵉ ALBERT BLOT
AVOCAT.

A vous le chaleureux défenseur de nos droits, notre ami dévoué, cette étude sincère d'un village, autrefois libre, devenu la proie de deux malfaiteurs.

ALEXIS PONSON DU TERRAIL.

CÉSAR DORPIERRE

I

LE VILLAGE DE SODAME

Sodame est fendu de haut en bas par une rue étroite, sinueuse, raide comme un sentier de forêt alpestre.

A droite et à gauche les maisons s'étagent noires et décrépites, bâtisses qui ont plusieurs siècles et que l'on ne reblanchit jamais.

Cette longue rue coupe en deux portions égales l'énorme rocher qui porte, sans faiblir, les trois cents maisons du village, mais sa pente est si brusque que les charrettes de paysans, les tapissières de commis-voyageurs l'évitent dans tout son parcours, zigzaguant, au flanc de la roche monstre, par des routes plus larges, moins à pic.

La route sud est particulièrement fréquentée, elle serpente, près d'une demi-heure, au pas d'un cheval, avant d'atteindre les maisons hautes du village, tandis que, par la ruelle raide, surnommée « Boyau des Enclos » un homme peut toucher au même but en dix minutes.

Les habitants du Faubourg ne connaissent que ce chemin.

Le Faubourg est bâti au pied de la butte, il s'étale là, aussi noir, aussi délabré que le village dont il est parent. Fils et père sont aujourd'hui deux vieillards méconnaissables, de cet âge où les rides n'ont plus d'années sous l'implacable envoûtement des siècles, si toutefois il est permis d'animer par une comparaison deux choses également mortes d'aspect.

Cependant un courrier postal passe matin et soir au Faubourg, venant de Barson et se rendant à Aps, et, réciproquement d'Aps retournant à Barson, avec toujours le même arrêt au Bas-Sodame.

Tel un volant de raquette frappé à tour de rôle par trois employés des Postes. Une partie vraiment intéressante, et Dieu sait si l'administration est dure pour ses pensionnaires de 1,200 francs.

Ce courrier est toute la vie du Faubourg.

Deux auberges se sont ouvertes à son passage; le bureau de tabac, lui-même, est descendu du Haut-Sodame, comme attiré par le vent de trafic que roule dans ses roues jaunes la diligence postale.

Les villageois ne tardèrent pas à jalouser les faubouriens, le départ du bureau de tabac les rendit furieux. Ils pétitionnèrent de leurs maisons noires, criant au vol, à l'usurpation de tous leurs droits, avec un tel vacarme que les autorités départementales s'en émurent. On leur donna satisfaction sur quelques points. Ainsi, il fut décidé que le buraliste ouvrirait un second débit de tabac dans le village, que l'office de la poste serait déplacé et fonctionnerait au centre du groupe de maisons le plus important. En effet, le bureau de poste est au cœur de Sodame, tandis que le courrier passe toujours au Faubourg. Un facteur va et vient de l'un à l'autre, un sac de dépêches sur le dos, victime de ce débat entre villageois et faubouriens.

Néanmoins, cette patache jaune qui sillonne matin et soir le Faubourg tue lentement le village, sapant à la base même son prestige d'antan. Solitaire en ses murs délabrés, abandonné du grand nombre de ses fils, les étrangers, à part quelques pieds de montagne, ne le visitent plus, effrayés par la pente raide du boyau des Enclos.

« Regardons un peu Sodame », disent-ils à la station, et ils passent la tête à la portière de la diligence. Mais de là ils ne voient rien, ils doivent descendre de voiture, c'est alors un effarement subit qui les empoigne. Toute une montagne est devant eux, noire et muette, prête à crouler. Au milieu, une ruelle, le boyau des Enclos. Bien sûr, ils ne s'y engageront pas dans cette ruelle ! un vrai calvaire à la montée, un casse-cou à la descente, merci !

Et voilà comment les étrangers d'aujourd'hui ne connaissent plus le village.

Autrefois, il y a dix ans, tous les voyageurs, sans exception, escaladaient la côte pour trouver une auberge ou un café. Puis, c'était aussi dans le Haut-Sodame, au point culminant de l'aire sauvage qui le porte aux nues, que l'on voyait un monument remarquable de forme et de vétusté, temple grec, pour certains archéologues, dédié aux quatre saisons, vaste tombe romaine, disent d'autres connaisseurs.

Les avis sont partagés.

C'était alors une précieuse ruine, rongée de lianes, de lierre, de chiendent; mais les pierres s'éboulaient, malgré l'emprise robuste des plantes; et des maçons, des architectes, des hommes de goût, soi-disant, vinrent faucher les broussailles des murs, racler, au rabot, la teinte grise des colonnes, des corniches, des soubassements, des architraves, bouchant avec du plâtre les fentes et les trous. A l'extérieur surtout le vandalisme est apparent, une couche sale de mortier enveloppe la Coupole, où par endroits, cependant, la main noire des siècles est encore empreinte. Mais l'ensemble est mutilé dans ce qu'il avait de plus beau à l'œil : son délabrement.

Le boyau des Enclos aboutit là. Or, c'était par ce chemin que le touriste, d'il y a dix ans, venait du faubourg. Il le trouvait à cette hauteur élargi, moins sinueux, formant à son apogée un square étroit, ombragé de deux vernis du Japon. Une maison, plus neuve alors que les autres, s'y dressait avec balcon à l'entresol. Elle contrastait singulièrement avec toutes celles d'alentour par ses fenêtres larges, aux volets verts, sa grande porte à plein cintre, les briques rouges de sa toiture et la régularité bourgeoise de ses quatre murs. Toute cimentée, elle mettait encore une note riche, dissonante toutefois, dans un quartier sale, noir, délabré, le plus vieux du pays.

Le balcon qui contourne la maison n'a qu'un mètre de haut, vers la porte, grâce à l'inclinaison de la ruelle qui déchausse tout un étage, et on entre, de fait, par un rez-de-chaussée entresol.

La porte, aujourd'hui fermée, restait alors ouverte, tout le jour; le touriste voyait, en passant, une pièce noire, un trou profond où il ne distinguait rien, et c'était difficilement que l'œil plus exercé du villageois démêlait, dans cette ombre, les objets du premier plan. Cependant, par un matin très clair, le jour oblique de la ruelle permettait de reconnaître une large cheminée de cuisine, une grande table, et la vague silhouette d'une forme humaine. En réalité, quatre femmes étaient assises devant le foyer éteint, et, au milieu, un homme debout, adossé au manteau de la cheminée, le corps légèrement voûté, dans une attitude recueillie. La tête seule oscillait par moments au-dessus du cercle étroit des femmes, et son regard sombre allait de l'une à l'autre, avec la fixité étrange de quelqu'un qui n'entend pas bien ce que l'on dit autour de lui.

Les femmes ne paraissaient pas s'en apercevoir, elles parlaient toujours entre elles, à voix basse, les yeux tirés par un ouvrage manuel. De la porte d'entrée on n'eût pu saisir un seul mot de cette conversation, tout au plus un bourdonnement de mouches enserrées dans un trou de muraille.

L'homme debout exigeait, sans doute, que chez lui on parlât de la sorte, dût-il se plier en deux pour écouter, profondément convaincu que les murs ont des oreilles.

De temps à autre, il s'éloignait du groupe des femmes, le corps toujours plié. Était-il voûté par l'âge? ou bien ses épaules conservaient-elles le pli momentané d'une attitude? Il marchait, les mains derrière le dos, lentement, obsédé par un songe intérieur que le feu sombre du regard trahissait mauvais.

On eut dit d'un souffleur hermétique mûrissant quelque ténébreux projet en son laboratoire peuplé de stryges et de chimères.

Cet homme était une énigme pour le village. Depuis vingt ans qu'on l'étudiait, nul, sauf le curé, ne se prononçait en public. Mais, intérieurement, tous lui vouaient une haine implacable. Comme il restait une force la peur liait les langues, on se taisait, on attendait une occasion.

II

MONSIEUR DORPIERRE

Ce n'était pas qu'il fît cette usure des juifs urbains, prêtant à la petite semaine, à gros intérêt, ni qu'il exigeât de son débiteur une reconnaissance fictive, à très longue échéance, le garantissant deux fois de la somme prêtée. Il usait d'un expédient d'apparence plus honnête et plus sûr.

Toutes ses opérations d'usure passaient par le bureau des hypothèques, et encore ne prêtait-il pas toujours sur première inscription, visant plus à l'expropriation qu'au remboursement immédiat.

Les premiers paysans qui eurent recours à lui devinrent les agents zélés de son œuvre de ruine. Le bien qu'ils en dirent dépassa tout éloge. C'était là un bienfaiteur, un ami du pauvre, un homme bon, charitable jusqu'au dévouement; on ne pouvait se faire une idée de la générosité de M. Dorpierre, il ne prêtait pas l'argent, il le donnait, en échange d'une signature sur un chiffon de papier. C'était si peu de chose. Sans doute, exigeait-il ce reçu par simple formalité, en homme d'ordre, juste et bon, qui tient à se souvenir de ses obligés, à remarquer s'ils ont, par exemple, fait ou non mauvais usage de son argent.

Et, en effet, il prêtait facilement, sans y regarder, on eût dit qu'il y prenait un réel plaisir, gardant le plus grand secret de la gêne de ses débiteurs.

Tel qui la veille passait pour à peu près ruiné, se relevait le lendemain, aux yeux du village, par un achat de bestiaux et d'engrais. De nouveau le sol du paysan tombé allait être fumé, éventré, l'argent lui était venu subitement, il dépouillait enfin le vieil homme.

Dorpierre seul savait tout ce que cette prospérité factice cachait de ruine et de gémissements.

Durant quatre ans, six au plus, le paysan s'endormait dans une quiétude funeste, ne pensant qu'à jouir du bien-être accordé, oubliant le lendemain.

Le prêteur ne l'importunait jamais d'une visite, s'il le rencontrait, par hasard, se montrait affable, étranger aux questions d'intérêt, lui parlait de tout, hormis de sa créance et le débiteur vivait tranquille, berné des plus douces illusions.

Mais voilà qu'un jour arrivait à sa ferme un grand monsieur, tout noir, correct, avec toujours, sur les lèvres, un de ces sourires niais qui cachent une lâcheté. C'était Gauthier, l'huissier de Barson. Le paysan avait fini par oublier ce grand sournois, depuis six ans que ses affaires marchaient bien. —

« Sans doute, pensait-il, « le Gauthier » se trompe de mas, il ne vient pas pour moi. » Et, sans un salut, recevait, sur le pas de la porte, sa personne suspecte.

Gauthier, flegmatique et niais, entrait avec ces mots invariables :

— « J'ai quelque chose pour vous, mon ami ». De sa large serviette, portée du bras gauche, il sortait alors une feuille de papier timbré.

— « Voilà ! » disait-il.

C'était un commandement, avec saisie dans les trente jours.

Si le paysan ne savait pas lire, Gauthier, d'une voix détestable, ânonnait sa prose amphigourique dont il ressortait clairement toutefois que le paysan devait maintenant à M. Dorpierre une somme énorme. Le principal n'avait pas changé, mais les intérêts!... Ces intérêts capitalisés dont ne lui avait jamais parlé ce jésuite de Dorpierre (ah! la canaille!), ces intérêts égalaient presque le principal. Maintenant, il devait deux fois ce qu'il avait emprunté avec les frais d'inscription, de purge d'hypothèque, de procédure de toute sorte, qui lui incombaient; jusqu'à ce chieur d'encre de Gauthier qui lui faisait payer douze francs cinquante deux feuilles de papier jaune. Non ! ce n'était pas juste. Il voulait parler à l'usurier, lui dire ses quatre vérités, en lui plantant son pied quelque part; et il montait furieux au village, mâchant des jurons, serrant les poings. Il arrivait enfin à la maison neuve du Haut-Sodame. Dorpierre était debout, dans sa grande cuisine noire, entouré de quatre femmes dont deux ses filles, une autre sa femme, la quatrième la bonne.

Les conversations basses, mystérieuses cessaient aussitôt. Essouflé, la sueur au front, avec une tempête sourde dans la poitrine, le paysan entrait. Mais cette grande salle pleine de monde l'intimidait dès le seuil de la porte. On le recevait ensuite avec une grande amabilité, comme un monsieur. Léonie Dorpierre, l'aînée, une belle brune plastique, lui offrait elle-même une chaise, Dorpierre faisait signe à Constance d'aller chercher des rafraîchissements, tandis que Pauline, la fille cadette, et sa mère, déjà âgée, prenaient une attitude très douce qui apaisait. Un silence se faisait. Complètement dérouté dans son attaque, le paysan avait encore la faiblesse d'accepter un verre de vermouth, un sirop, un cognac, noyant ainsi une partie de sa douleur. Comment se fâcher après boire? d'autant que tout le monde avait trinqué avec lui.

Presque toujours M. Dorpierre entrait le premier dans cette voie des terribles explications, avec une bonhomie qui déconcertait le débiteur.

— Eh bien! mon brave, que vous est-il arrivé?

— Ah! une raide, allez! non! ce n'est pas possible que vous, un si honnête monsieur, vous m'ayez joué ce tour là. Ça, voyez-vous... je ne l'oublierai de ma vie.

— Voyons, mon ami, vous me connaissez,

vous savez bien qui je suis. Une première fois je vous ai sorti de peine, je le ferai une seconde, s'il le faut, même une troisième. On vous a envoyé un commandement, n'est-ce pas ?

— Oui, Gauthier est venu ce matin.

— Eh bien ! ne craignez rien, nous allons arranger cette affaire, je me rendrai aux hypothèques cette semaine. C'est un malentendu, une erreur qui n'a pas d'importance, puisque vous venez m'en prévenir.

Le paysan sortait, rassuré, balbutiant des remerciements, et M. Dorpierre l'accompagnait un bout de chemin dans le boyau des Enclos.

Trente jours après, jour pour jour, Gauthier venait saisir. Les affiches de vente avaient été placardées partout, à la mairie, à la place publique, sur les murs des maisons.

Cette fois le paysan éclatait dans la grande cuisine des Dorpierre.

— Vous me ruinez, vous êtes un coquin,

un misérable! tout mon bien sera vendu... tout, tout pour un morceau de pain!

Dorpierre, cependant, trouvait une seconde porte de salut à son débiteur.

— Je pousserai la vente de vos terres, disait-il. Je connais quelqu'un qui veut les acheter à tout prix; il les paiera le double, mon brave, et vous ne perdrez rien à ce marché, ni moi non plus. Vous avez grandement tort de vous inquiéter de cette vente, elle est un moyen avantageux pour vous de rembourser une vieille dette et de retirer un capital improductif que vous pourrez faire fructifier en achetant des actions de compagnies ou des rentes sur l'État, et même, si vous tenez tant que ça à la terre, vous profiterez d'une vente aux enchères. On fait parfois de très bonnes affaires, quand on a de l'argent comptant. Je pousserai votre vente, ne craignez rien.

A la vérité l'usurier restait acquéreur de tous les biens du paysan. Meubles et immeubles lui étaient livrés au quart de leur valeur. Rarement un propriétaire les lui disputait, l'argent manquait trop dans le village.

C'est sur ces bases de la spoliation judiciaire que M. Dorpierre assit sa fortune. Cependant il eut toujours cette intelligence de ne pas abandonner complètement l'homme qu'il avait ruiné; il lui prêtait encore quelque somme insignifiante dont il faisait l'abandon d'ailleurs, pareil à ces voleurs de grandes routes qui jettent, derrière eux, une bouchée de pain aux glapissements des roquets.

De temps en temps, l'homme, aux champs vendus, venait comme mendier une pièce blanche dans la grande cuisine noire des Dorpierre.

Le paysan ruiné devient facilement crapuleux. Il se met en chambre au village. Là, toute sa famille grouille vivant de la charité publique, et lui, robuste à la peine tandis qu'il possédait, aujourd'hui ne sort plus des cafés, jouant par profession, se soûlant par habitude, mort à la noble ambition d'élever une famille sur quelques arpents de terre, d'accroître ce domaine, de l'engrosser de récoltes, il ne possède plus. Puis, il songe amèrement que le travail ne l'a pas protégé contre la ruine. C'est alors qu'il suait sur son champ qu'un porteur de redingote, un fainéant est venu le dépouiller. Il se souvient de ce jour; il s'était levé à l'aube; une moisson, un fanage, un labour l'avait courbé treize heures, mais le soir malgré la fatigue il ne s'était pas assis en rentrant. La personne noire et correcte d'un huissier était là, saisissant les meubles, inventoriant tout, promenant la ruine autour d'elle.

Maintenant il n'a plus rien, il a payé trois fois ce qu'il devait et habite le village, non les champs. D'ailleurs il n'en est pas plus malheureux; personnellement il préfère la vie de paillardise; la bouteille lui donne l'oubli de ses enfants qui vont pieds nus, pleurant la faim et le froid; le jeu le distrait des scènes de sa femme.

De temps en temps il va voir son ancien créancier. S'il peut lui emprunter cent sous, il fera son éloge. Et voilà pourquoi celui-ci, soucieux avant tout de sa réputation d'honnête homme, lui donne, par ci par là, une pièce blanche. C'est un trait de charité dont on causera tout un jour dans sa grande cuisine. Comme tous les voleurs, M. Dorpierre restait affamé d'estime.

En peu d'années, l'usurier posséda une propriété si grande et si morcelée, qu'il dut en laisser une certaine étendue en jachères. Tout avare est doublé d'un sot. Il exploita seulement les belles pièces de labour, affermant en maints endroits, et faisant valoir à journées d'homme tout ce qui était à proximité de sa maison. Mais il y eut des champs de blé, des vignes, des olivettes, des prairies, des morceaux de bois et de landes, disséminés aux quatre coins de la plaine de Sodame, qui ne purent être rattachés aux fermes, et où il ne voulut pas envoyer des journaliers, ne pouvant lui-même surveiller le travail. Bien que ces divers terrains eussent été achetés à vil prix aux enchères publiques, il lui en coûtait néanmoins de les laisser en friche, à l'abandon.

Tout d'abord il les loua à des riverains, mais ceux-ci ne payèrent aucune rente, et, qui plus est, abîmèrent les jeunes arbres avec leurs troupeaux. Il résilia tous les baux, ne voulant pas que des terres, des bois improductifs pour lui, pussent rapporter un intérêt à des gueusards de paysans, des coquins à la ruine desquels il travaillait sans relâche depuis vingt ans. C'était trop bête! Cependant l'avare en lui se révoltait contre cet abandon des choses, cette incurie coupable qui laissait stérile un capital, et il loua un domestique à l'année, résolu d'en finir.

Jean eut pour mission de faire produire un intérêt, si minime qu'il soit, à tous ces terrains vagues. Lui seul dut labourer, ensemencer, moissonner, élaguer, faucher et vendanger de 80 à 100 hectares de sol.

Légèrement, il effleura les champs de la charrue, une seule fois à l'automne, labourant et semant tout à la fois.

Un blé maigre, bâtard, sans paille, poussa dans ces terres incultes où l'on ne fumait plus. Mais, malgré la pénurie d'épis, Jean ne venait pas à bout des moissons. Les blés rôtissaient au soleil, s'égrenant en leur maturité au moindre coup de vent. Plusieurs ans de suite des champs entiers ne furent pas moissonnés. Les pluies d'automne pourrissaient sur plantes ces récoltes délaissées. Il y avait aussi des vignes, des prairies, des bois, éparpillés un peu partout, où Jean ne paraissait pas qui restèrent à l'abandon. Ce grand garçon robuste n'aimait que le blé, les larges terres au soleil, mettant une obstination de brute à semer plus que n'en pouvait abattre sa faux. A la moisson ses bras ne suffisaient pas, mais n'importe ! il semait toujours la même quantité de grains, il semait tout l'automne et son rêve eut été d'engrosser, à lui seul, la plaine de Sodame.

Les greniers de M. Dorpierre regorgeaient. Les dix fermes qu'il faisait exploiter à mi-compte montaient tous les ans au village, par la route sud, environ deux mille charges de froment. (Une charge, en Provence, équivaut à 80 kilogrammes.) Les terres qu'il faisait valoir, à journées d'homme, lui produisaient en moyenne sept cents charges.

Jean, le domestique, restait profondément humilié de cette abondance de grains. Les quinze à dix-huit champs qu'il ensemençait ne donnaient en tout que cent-vingt charges, une misère, et certes, il cultivait une étendue capable de rapporter trois cents hectolitres. Aussi, durant les récoltes, évitait-il de causer au monde, mangeant peu, passant une partie de ses nuits dehors, sous les étoiles.

M. Dorpierre, lui aussi, prenait une attitude grave, ennuyée pour le public, devant cette pléthore de moissons. Son toit ne suffisait plus à la loger, il devait recourir à d'autres maisons qu'il possédait encore dans Sodame, mais pour la plupart éloignées de sa surveillance. Il pensait au mauvais effet que le transport de ses récoltes à travers le village pouvait produire sur le peuple pauvre, affamé, vivant au jour le jour, le peuple spolié par lui. C'était le blé des habitants qu'il allait déverser dans ses nombreux greniers, impudemment, aux yeux de tous. Ces revenus mal acquis étaient de perpétuels cauchemars. Et il avait encore d'autres obsessions, plus terribles celles-là, des frayeurs d'avare qui voit une partie de son trésor s'en aller. Ne le volerait-on pas dans telle maison? Ne forcerait-on pas les serrures?

C'étaient, à chaque récolte, les mêmes doutes, les mêmes transes qui revenaient. Cependant il ne pouvait dissimuler ses denrées, il devait les loger en partie dans ses maisons du village. On refaisait les clés, les verrous de chaque grenier, on comptait les charges, au départ et à l'arrivée. Lui allait et venait, d'une maison à l'autre, suivant les porteurs de sacs, car dans les ruelles trop étroites les charrettes ne passaient pas. Ce va et vient durait trois jours.

Assises, devant leurs portes, les femmes de mercier, de tailleur, de cordonnier avaient une distraction réelle à voir filer des charges de blé sur des épaules larges : cela mettait un mouvement dans les rues calmes.

M. Dorpierre les amusait surtout, suivant chaque voyage, s'épongeant le front, ne voyant personne, hanté d'affreux cauchemars. L'avarice lui donnait le soufflet de l'affront. Derrière, devant, de tous côtés, les regards d'un peuple hostile pesaient sur son dos. Il souffrait de cette chaîne infrangible qui le rivait aux pas de chaque porteur de sac, et, trop lentement, le promenait par les rues. Nouveau crucifié il buvait au calice amer du ridicule, goutte à goutte, jusqu'à la lie. « Certes, les jouissances de l'avarice récompensent mal des tourments, » pensait-il. Et des aspirations vers le bien lui arrivaient en bouffées brûlantes d'orgueil piétiné.

Les récoltes finies, une joie large de propriétaire, heureux de l'année, s'épanouissait sur sa face jaune, imberbe, au front étroit, arqué de deux gros sourcils pleins d'ombre, où luisaient, en lames de couteau, deux petites prunelles bleues. Il éprouvait alors, dans la solitude de ses greniers, des jouissances inouïes à contempler cet or fauve des champs dont la meule et le four font une nourriture saine: la vie de l'homme.

Par les teintes des blés, il reconnaissait ses fermes. Là, devant lui la Grande Guerche, à droite les Hermas, à gauche les Grangeons; et, plus loin, dans d'autres greniers, des teintes ocrées, blondes et rouges désignaient d'autres terroirs, les Clapeirolles, la Ramelle, le Pouzarol, le Guis.

Il passait maintenant dans les rues, la tête haute, le regard droit et fier. Le peuple ne souriait plus, éprouvant, au passage de l'homme en redingote, un malaise, une timidité de cigale, prise au dépourvue, qui prévoit le temps où elle devra mendier à la porte de la fourmi.

Mais le froment n'était pas la seule denrée de M. Dorpierre. Les amandes, les noix, les olives, les légumes secs de tous genres emplissaient encore ses halles d'abondance, et des charrettées de raisins gavaient sa cuve.

A lui seul il récoltait la moitié des revenus de Sodame. Jamais seigneur, aux temps primordiaux de la féodalité, n'avait prélevé pareille dîme sur un village, et cependant le rêve de l'usurier n'était qu'à demi ébauché, sa conquête n'était encore que partielle,

Deux œuvres lui restaient : l'accaparement total des biens du pauvre et l'administration de la commune, ce pouvoir que quelques riches campagnards détenaient entre leurs mains.

III

MONSIEUR TÉLAMON

Constance, la bonne, donna un matin de novembre cette nouvelle :

« M. Télamon se meurt ! »

Un écho sourd bourdonna cette phrase dans la grande cuisine de la maison neuve. Dorpierre, adossé à la cheminée, jeta un regard louche à Constance, Mme Dorpierre laissa tomber une aiguille de son bas, et les deux jeunes filles, Léonie et Pauline, qui rangeaient de la vaisselle dans un placard, à l'extrémité de la salle, se retrouvèrent toutes deux devant le groupe, comme poussées par une force invisible.

Ce matin-là, par hasard, on avait mis une bûche au feu avant l'heure de préparer le repas de midi. Il y avait, comme cela, cinq à six jours de l'hiver où Dorpierre tolérait ce luxe. D'ailleurs on ne renouvelait jamais le combustible. La bûche flambait, crépitait et mourait, en un seul tison, sur lequel Léonie avait soin de jeter un verre d'eau, augmentant ainsi sa provision de charbon de bois. A onze heures, elle allumait la grille d'un fourneau potager, la préparation du déjeuner commençait. Le soir, seulement, on éclairait le grand foyer pour faire bouillir la marmite.

Mais la nouvelle que donnait Constance était si imprévue, si importante que, sans y penser, Dorpierre renouvela la bûche éteinte. A cette seconde flambée, Mᵐᵉ Dorpierre releva ses jupes montrant ses mollets grêles, vieillots, à deux têtes de singe sculptées aux chenets.

Il gelait dehors, Léonie et Pauline eurent des joies d'enfant à voir courir des étincelles dans les flammes bleues, roses, rouge-vif, elles rêvaient vaguement aux feux de la Saint-Jean. Mais Constance et Dorpierre s'étaient éloignés de l'âtre, causant, à voix basse, sur le seuil de la porte.

La ⁂ de M. Télamon, curé de Sodame, était pour l'usurier un événement précieux.

Maigre, court sur pattes, d'une vivacité de singe, avec des yeux gris, des yeux de chat, aigus et titillants, — un nez retroussé, les narines au vent, une bouche moyenne, des lèvres minces, arquées d'un sourire très fin, ajoutez à cela un toupet de cheveux blancs sur le crâne, une flûte enrouée dans la voix, une menace dans le geste, et vous aurez un portrait exact de M. Télamon.

Il y avait chez ce petit homme disgracieux de la bonté, surtout de la malice. Ami dévoué, ennemi implacable, il valait mieux l'avoir pour soi que contre soi : c'était une force dans le village.

Dorpierre, par deux fois, avait tenté de briser cette force, au choc de la sienne, et, par deux fois, son crédit en avait été ébranlé. Télamon restait le pot de fer. Depuis lors, une haine farouche animait intérieurement Dorpierre contre ce Jules II de village qui l'avait comme terrassé, au champ clos de l'Église, lui, le prince de la terre et de l'or.

La chaire était la place forte, inexpugnable, de M. Télamon. De là, sa parole portait des coups de flèche à ses ennemis; la flûte enrouée de sa voix s'éraillait, parcourait toute une gamme dissonnante, dont, toutefois, les vocables mordants et spirituels captivaient l'auditoire.

Généralement il décriait la bourgeoisie, égoïste, voltairienne, stupide dans sa richesse, et, il n'y a pas à dire, un prône bâti sur le dos d'un bourgeois intéresse toujours le peuple, cette victime des classes intermédiaires.

Toutes les rancunes, toutes les colères du petit homme noir tombaient, en sermons amers, de la chaire sacrée.

A la première attaque de Dorpierre, Télamon riposta par un prône sur l'usure. Il parla en métaphore, mais tout le monde comprit : on dévisagea l'usurier à cette grand'messe.

Dorpierre humilié, frappé au cœur, resta huit jours chez lui, sans sortir. Il avait eu l'imprudence de mal parler du curé devant un paysan.

Une seconde fois, la dernière d'ailleurs, Dorpierre voulut ébranler la puissance du prêtre en répandant le bruit, au village et dans les campagnes, que Mgr Couillot, mécontent de son service, le nommait au poste de Carmagnol, une dépendance de Sodame, paroisse infime du diocèse, généralement desservie par des incapacités ou des fautifs.

Il donnait ensuite le nom du remplaçant : M. l'abbé « Valmeige », un homme de

Dieu, celui-là, charitable comme un saint Martin, chaste comme la Vierge.

M. Télamon, effrayé de tous les bavardages qui lui revenaient, se rendit à Digne. A l'évêché, ce fut une fête de le revoir. Mgr Couillot le retint chez lui, le traita en ami, l'hébergea trois jours somptueusement. C'était une occasion pour l'évêque, à la vérité, de déboucher du vin vieux et de faire ronfler les broches matin et soir. Un accès de goutte le cloua au lit, malheureusement, le troisième jour de cette débauche, et M. Télamon profita de cet incident pour retourner à sa chère cure de Sodame. La première personne que le vieux prêtre rencontra au faubourg fut Dorpierre; mutuellement ils se toisèrent d'un regard de défi; la lutte commençait terrible, écrasante pour l'usurier.

A la grand'messe du dimanche suivant, M. Télamon tonna contre les mauvais riches. Il cita la parabole évangélique et, cette fois, déclara tout haut qu'il en connaissait un dans sa paroisse. Sa petite main sèche, dans un geste oratoire, s'arrêta fébrile, menaçante au-dessus du banc des Dorpierre et y resta suspendue, tandis qu'il criait d'une voix glapissante :

« Le voilà, mes frères, ce spoliateur, ce
« détenteur de tous vos biens, celui qui a
« bâti sa fortune avec les sueurs du pauvre,
« celui qui a moissonné le blé de tout un
« village, celui qui raille la faim et le froid
« d'un peuple mendiant. Il est là, mes
« frères, dans votre église ; il m'entend, il
« pâlit, il est écrasé sous ma parole ! »

Et, faisant un grand signe de croix sur la foule terrifiée, sa silhouette blanche disparut de la chaire.

Toute la famille Dorpierre, qui assistait à la grand'messe, reçut un coup de poignard au cœur. Léonie, la fille aînée, laissa tomber son paroissien. Blanche comme une statue, les yeux fixés sur la chasuble rouge du prêtre revenu à l'autel, elle oublia de s'agenouiller à l'Offertoire et à la Communion.

Pauline, au Sanctus, croula inerte sur ses genoux et y resta jusqu'à la fin de l'office. Quant à Dorpierre et à sa femme, ils subissaient comme un envoûtement, tous les deux assis côte à côte, la tête roulée sur la poitrine, les yeux fermés comme aveuglés de honte, le corps mou, rêvant d'un affreux cauchemar.

Ils sortirent les derniers de l'église.

Dehors, sur deux rangs, la foule les attendait, muette et menaçante. Ils essuyèrent un affront indescriptible, en plein midi, quoique cependant, à leur passage, aucun mot ne fût prononcé.

On ne déjeuna pas, ce jour-là, chez les Dorpierre.

Ces duels de village se passaient quelques années avant la mort de M. Télamon, vrai spadassin d'église dont la parole, comme une épée, visait au cœur et tuait raide. Mais il vieillissait à la lutte; l'enrouement de sa voix s'accentuait de jour en jour; il ne trouvait plus ces notes de cuivre à si grand effet, et sa main se lassait du geste. Dans l'esprit du peuple, son talent baissait. Finalement, il ne tonna plus contre personne, prêcha l'Évangile clairement, avec onction, sans vivacité, traçant à ses ouailles des voies larges de salut, traitant fort peu des dogmes spécieux de l'Église auxquels, d'ailleurs, il n'avait jamais cru. La charité restait son thème de prédilection :

« Faites du bien sur cette terre, donnez
« à plus pauvre que vous, secourez tous vos
« frères, imitez le Christ, ne lisez qu'un
« livre de piété : l'Évangile. Tout le reste
« est inutile à votre salut. »

Chez lui, sa grande distraction était de faire tourner les tables et les soucoupes. D'un spiritisme aveugle, il restait réfractaire à l'Église, qui a défendu ces sortes de jeux innocents. Il s'enfermait dans son oratoire, baissait les stores verts des croisées et, allumant une bougie, commençait les évocations.

D'abord, les mains élargies, soudées aux

deux pouces, il mettait en mouvement une soucoupe. L'esprit de sainte Victoire, la patronne du village, était appelé.

Lentement la porcelaine oscillait et tressautait sur la table, sous le tremblement de main du vieillard, seul responsable de ce mouvement spirite. Néanmoins, l'esprit de sainte Victoire dévoilait des choses mystérieuses qui eussent révolutionné le village paisible de Sodame. C'est par sainte Victoire que l'abbé Télamon fouilla plusieurs consciences noires, entre autres celle de Dorpierre. Il connut ainsi les ténébreux projets de l'usurier : la ruine du paysan, la conquête de la mairie et du presbytère; cette révélation l'arrêtait frémissant, les mains raides sur la soucoupe qui tournait toujours.

Indépendamment de la patronne du pays, d'autres âmes saintes étaient évoquées : saint Louis de Gonzague, saint Augustin, saint Jérôme, saint Bruno dansaient, à tour de rôle, dans la petite soucoupe à thé du vieux prêtre. Il demandait à ceux-là de l'éclairer sur les projets de son évêque, Mgr Couillot, du Saint-Père, le pape Pie IX. Mac-Mahon lui-même devait lui livrer le tréfonds de sa conscience.

La grande table, à cet effet, se mettait en mouvement, et elle en racontait de belles... la grande table !..... Ainsi, Mgr Couillot, hier soir, s'était soûlé, aujourd'hui il tenait le lit ;... le Très-Saint-Père, dans son oratoire, en ce moment même, jouait au bouchon avec le cardinal Spinella. Quant à Mac-Mahon, il ronflait encore dans ses draps, à onze heures du matin ; c'était une honte ! Et la grande table, à certains jours, en disait encore plus long sur Mgr Couillot, Pie IX et le vieux maréchal.

Après avoir suffisamment approfondi les choses occultes, la prescience et la Kabbalah, M. Télamon lisait son bréviaire et quelques passages de la Bible. Ces exercices achevaient sa soirée.

Cependant, à la belle saison, il avait coutume de visiter journellement la Baume de sainte Victoire, un lieu perdu dans les bois où vécut d'une vie sauvage et chaste la patronne du pays.

Un pied de la sainte, rapporte la tradition, est empreint sur une roche, une fontaine jaillit au-dessus, à quelques mètres; et dans un enfoncement envahi de broussailles on voit une grotte où couchait, dit-on, la Vierge des bois.

M. Télamon eut la pieuse pensée d'édifier, à cet endroit, sur la grotte même, une chapelle, en son honneur.

Ses nombreux pèlerinages mûrirent ce projet.

Les fonds manquèrent tout d'abord. Mais le vieux prêtre mit en campagne ses congréganistes; lui-même frappa à toutes les portes, la fabrique donna 1,200 francs, et l'on put commencer les travaux.

Malheureusement cette entreprise fut confiée à un maître-maçon soûlard qui pensa urgent de monter là une petite buvette, à côté de la taille des pierres et du mouvement des pioches, sur le chantier même. Dès lors, ce fut pour les ouvriers une vie de cocagne; matin et soir, ils étaient soûls, on buvait gaiement les fonds de la chapelle. Des fainéants du village, alléchés par l'odeur du vin, s'embauchèrent pour rien, on leur donnerait seulement la nourriture.

M. Télamon surprit un jour le tripot. Dix ouvriers complètement nus chantaient la Marseillaise, six, en chemise, faisaient la farandole, d'autres se déshabillaient, tous voulaient en être. L'église n'était pas même commencée. Il entra dans une colère bleue, congédiant tout le monde, parlant d'attaquer, devant les tribunaux, le maître-maçon Dupré, comptable envers la fabrique d'une somme de 500 francs. Puis, quand tous furent partis, au pas de course, traînant après eux leurs vêtements, il brisa les bouteilles, les verres, furieux de ne pouvoir démolir la guérite en bois où ce coquin de Dupré avait tenu auberge.

Le lendemain, une seconde troupe de maçons partait pour la Baume. Pendant deux mois, les travaux eurent un cours régulier ; les quatre murs de la chapelle furent dressés, mais les fonds manquaient encore. La fabrique, cette fois, se refusait à de nouvelles dépenses, et, malgré tout le zèle des congréganistes, les mains des paysans et des villageois restèrent fermées. La santé de M. Télamon en fut compromise. Il eût voulu laisser après lui quelque chose d'impérissable, une œuvre de pierre qui pût le faire revivre dans la mémoire de ses paroissiens, et voilà qu'une pincée d'or manquait à l'éclosion de son rêve.

Il se jeta, à corps perdu, dans le spiritisme, son dernier espoir. Les soucoupes, les tables, les buffets, les bibelots, tout se mit en mouvement chez lui ; pareil aux alchimistes d'autrefois, par des arcanes et des envoûtements inconnus, il demandait de l'or aux esprits.

La mort le frappa dans une de ces mystérieuses opérations où il évoquait les toutes-puissances du ciel: les Trônes et les Dominations. La Chapanelle, sa bonne, dut le prendre à bras le corps, et le porter, râlant, sur son lit. Il venait de tomber à la renverse, deux soucoupes gisaient, brisées, près de lui, la table renversée l'écrasait de son poids. Ce furent ces bruits de vaisselle et de meubles qui décidèrent la Chapanelle à pénétrer dans l'oratoire de M. Télamon. La vue de son maître, inerte sur le sol, les bras en croix, lui donna comme une défaillance.

Certes ! c'était là une émotion : était-il mort? ou seulement évanoui ?

Le médecin qu'elle fut chercher, après l'avoir porté sur un lit, arriva pour constater le décès.

Constance, dans la matinée, avait eu l'occasion de voir la Chapanelle, justement comme celle-ci descendait éperdue chez le médecin qui habitait le faubourg.

— Vous êtes bien pressée, Chapanelle ! où courez-vous comme ça ?

— Ah ! laissez-moi, Constance, je n'ai pas le temps de causer, si vous saviez.....
Et, tenant une poignée de jupes dans sa main gauche, elle dégringolait le boyau des Enclos.

Constance lui courut après ; elles remontèrent ensemble du faubourg, le vieux docteur, M. Dorca, les suivait péniblement. Constance comprenait tout maintenant, malgré les discrétions de la Chapanelle qui se faisait un triomphe d'annoncer, la première, la mort du vieux prêtre.

Chez les Dorpierre, au déjeuner, on dévora un poulet aux champignons, et le soir un lapin rôti. Ce fut presque une débauche, cependant qu'au presbytère, M. Télamon froidissait sur sa couche.

IV

UN MÉMOIRE DE PHARMACIE

Maigres, toutes deux, de cette maigreur où ne transparaît pas l'ossature, la gorge plate, les hanches étroites, sans raideur apparente, androgynes de forme plutôt que femmes, avec des souplesses félines dans le jeu des mouvements..... tels étaient leurs points de ressemblance. Elles différaient entre elles par le teint, la couleur des yeux et des cheveux, la régularité des traits, surtout l'expression.

Léonie brune, d'une matité sans éclat, la figure ovale, le nez long, aux narines fermées, les yeux noirs très beaux, l'âme de sa beauté, la bouche moyenne rendue petite par les raccourcis des lèvres minces ; le menton plat.

Pauline, rousse de teint, les cheveux carotte presque courts, la face ronde, les yeux verts, mal ombrés de sourcils fauves, une grimace dans le nez et sur les lèvres, et, par endroits, au front et aux pommettes, des grains de petite vérole.

Grandes, toutes deux, d'une mise correcte, l'air comme il faut. M. Dorpierre était fier de ses filles, d'autant que leur instruction et leur éducation ne lui avaient presque rien coûté.

Léonie, en quelques années, avait appris l'orthographe, le calcul, un peu d'histoire et de géographie. Dès lors, elle ne suivit plus l'école des sœurs, se trouvant là comme arrêtée dans son élan. On la distrayait en étude, elle devait jouer aux récréations, tandis qu'une seule chose l'obsédait : « apprendre. » Chez son père, ce fut pour elle un travail opiniâtre de 10 heures par jour.

Elle dévora ses livres d'école, remplit d'écriture ses cahiers ; M. Dorpierre dut faire une dépense. Dans sa vieille bibliothèque des traités de syntaxe, des précis d'histoire, des cours de chimie, de physique, des éléments de littérature, d'histoire naturelle manquaient à la jeune élève, il fut à Aps pour cet achat de livres, espérant traiter au rabais dans une arrière-boutique de libraire. Le tout lui coûta 13 francs 50, ce qui le mit de très mauvaise humeur.

A 17 ans, Léonie Dorpierre était un bas-bleu. C'est alors qu'elle voulut donner un peu de son savoir à Pauline, sa sœur cadette, âgée de 13 ans, plus rebelle à l'étude des choses exactes, d'ailleurs moins intelligente.

Les livres achetés à Aps étaient encore neufs quand elle les ouvrit ; en quelques jours, elle les eut écornés, pollués d'encre. Son père, rentrant un soir, en trouva deux dans le boyau des Enclos, près de la porte ;

Pauline assise sur le balcon regardait en l'air, inconsciemment, troublée d'un rêve. M. Dorpierre entra dans une colère folle, ramassant les livres (ces livres qu'il faudrait faire relier bientôt), il monta rapidement à son cabinet de travail ; et là cria trois fois le nom de « Pauline ». La jeune fille, peu après, parut toute tremblante, jamais son père ne lui avait parlé si fort.

— Relevez vos jupes, mademoiselle, ordonna-t-il.

Pauline se posta, reçut six claques, après quoi M. Dorpierre lui rendit ses livres, et, sans un mot, la congédia.

Il fallut faire relier les livres, cela coûta 5 francs, et encore Pauline ne les apprit-elle jamais par cœur, comme Léonie. Elle s'arrêta entêtée, comme un âne, sur le chemin des sciences abstraites, la tête déjà trop pleine des éléments de l'instruction. Elle savait lire, calligraphier, mettre l'orthographe, tourner une lettre, faire un calcul.

— Au reste, cela suffit ! s'écria un jour

Dorpierre, je ne tiens pas à faire relier les livres une seconde fois.

Léonie donnait la plus grande satisfaction à son père. Très jeune encore, elle se rendait utile à la maison, faisant les courses dans le village, aidant Constance à la préparation des repas. Plus tard, aux heures qu'elle ne consacrait pas à l'étude, elle mettait la main à tout, surveillant les journaliers que l'on nourrissait le soir, activant Constance, prenant la direction générale de la maison. Elle procurait même de l'ouvrage à Mme Dorpierre, une inutilité qui n'avait jamais su commander, satisfaite de la nourriture, de l'éclairage, des vêtements qu'on lui donnait, ne bougeant pas de la grande cheminée éteinte, indifférente à tout dans sa lassitude de vivre. Pauline lui ressemblait, tandis que le sang des Dorpierre coulait dans les veines de Léonie.

Depuis un an le vieux médecin du village, M. Dorca, était mort, justement trois mois après M. Télamon. Le vétérinaire et maréchal ferrant du faubourg, Claude Constantin, se rendait depuis lors au chevet des malades.

Il purgeait, saignait, clystérisait, à dose de cheval, et cependant on en réchappait autant et mieux que sous M. Dorca, tant il est vrai que le trop de raffinement dans les soins nuit plutôt à la nature que le manque. Ici, il y avait défaut total.

Claude, noir de la fumée de la forge, son tablier de cuir relevé d'un coin sur la hanche gauche, sa lourde boîte de chirurgie à la main, arrivait chez le patient.

— Nom de Dieu! clamait-il sur le seuil de la chambre, on fait donc ses malles par ici... ça pue joliment le mort. Allons, aie pas peur, mon vieux !

Et remuant le malade dans son lit comme une masse, une chose bonne à jeter au charnier, il l'opérait.

Des bouts de ficelle lui servaient de ligature dans les saignées, et pour les fractures, les ecchymoses, les entorses, ses appareils étaient réellement simples. Deux morceaux de bois plaqués en sandwich, sur le membre morbide, une lanière roulée autour, un nœud... et c'était fait!

Il guérissait encore des fièvres typhoïdes, des péritonites, des fluxions de poitrine, des pleurésies, des coups de soleil, maladies les plus fréquentes chez les paysans.

La diète et le lit, des suées à percer les paillasses, peu de tisanes, un sirop édulcoré de miel par hasard, et généralement des litres de vin et des brocs de bouillon pour rappeler à la vie saine tous les fébricitants. Puis, un jour de bon soleil, il venait chercher son convalescent, encore débile, tout pâli; il le menait à sa forge pour lui faire battre du fer, lui dégourdir les muscles. Dans le faubourg on criait au miracle et Claude se soûlait ce soir-là.

Mais il y eut des délicats dans le village qui ne le firent pas appeler à leur chevet. Il n'était pas très propre, disaient-ils, apportait dans leur chambre une odeur de charbon qui suffoquait, puis c'était une brute, vous tournant et vous retournant dans un lit comme un cheval. Bref, il guérissait trop vite pour être bon médecin.

Ce furent quelques villageois revenus de Marseille, où, d'ailleurs, ils crevaient de faim, qui portèrent l'antienne les premiers, criant bien haut qu'il valait mieux mourir tout seul que d'avoir affaire à cette brute de forgeron. La Lise, une déclassée en robe de grande dame, fit appeler un docteur d'Aps pour un érysipèle. Les Bouffe, des gens crasseux à ne pas toucher avec des pincettes, et envahis, le vieux, la femme et les trois filles, d'une teigne chronique qui les rongeait tous les printemps, se payèrent un médecin de Barson. Et d'autres encore les suivirent dans cette chasse au « patenté ». Les officiers de santé, les docteurs arrivèrent de toutes parts ; il y eut, dès lors, une mortalité croissante dans le village. Claude Constantin fit une statistique. En trois mois, il établissait à son acquit une proportion de 1 à 12 décès, c'est-à-dire qu'il n'avait tué qu'un habitant dans l'exercice de ce trimestre, tandis que la Faculté en avait décimé douze. Cependant Estoffe, le fossoyeur, affirmait avoir creusé treize trous desquels deux revenaient à Claude et onze seulement aux différents médecins des environs; de là des discussions à n'en plus finir entre le maréchal et l'enterre-morts. La vérité était que l'on se droguait maintenant du matin au soir dans le village. Les nombreux docteurs venus de Barson, d'Aps, de Cucuron, de Sault, de Forcalquier, prescrivaient, à chaque visite, en sirops, en granules, des laxatifs et des toniques de tous genres, non seulement pour le malade, mais pour sa famille entière qu'il fallait préserver du morbus. Mais la plupart de ces remèdes étaient difficiles à trouver. Les médecins ne les apportaient pas dans leurs poches, ils se préparaient à Aps, à Barson, à Forcalquier et ailleurs; on écrivait bien au pharmacien, hélas! trop souvent le pleurétique, le typhique, l'érysipélé, mourait en attendant le salut.

De là l'urgente nécessité de fonder une pharmacie dans Sodame. Léonie Dorpierre réalisa ce rêve des villageois et des médecins.

Ce fut un dimanche d'avril, dans la grande cuisine noire, qu'elle s'ouvrit de ce projet de fondation à son père. Celui-ci tout d'abord la traita de folle, de visionnaire.

— Tu veux donc me ruiner, lui dit-il, sur un ton qui ne souffrait pas la réplique.

Léonie en resta là de sa conversation, pour ce jour du moins. Le lendemain, très calme, elle exposa à son père les avantages réels que l'on pouvait retirer d'un commerce d'onguents et de rhubarbe.

— Je rends un service au village, je le fais payer cher ! voilà tout.

M. Dorpierre fut amorcé, mais non complètement vaincu, dans ses terreurs folles de se ruiner, il insista :

— Combien peux-tu gagner par an, avec ta pharmacie?

— Cela dépend, mon père, du nombre de malades. Si le chiffre actuel se maintenait toute l'année, je compterais un revenu de 3,500 francs, mais il y a la morte saison, cette partie de l'été, cette partie de l'hiver où tout le monde vivote, sans médecin ni pharmacien. Néanmoins, je puis vous assurer un rendement moyen de trois mille francs.

M. Dorpierre resta bouche béante, il n'en revenait pas; jamais sa plus belle pièce de blé ne lui avait produit cette somme.

Cependant un doute lui restait.

— Tu ne te trompes pas, Léonie? es-tu sûre?...

— Voyez plutôt, mon père.

Et sortant un carnet de son corsage, elle écrivit au crayon :

Sodame compte 2,500 âmes, village et campagnes réunis. Annuellement, cinquante décès et 46 naissances. (Notre population décroît de près d'un dizième). Morts violentes, 13; maladies à six mois, 5; à 3 mois, 10; à 2 mois, 7; à 1 mois, 4; à 15 jours, 2; à 7 jours, 9.

Sur 13 morts violentes, d'une durée moyenne de 5 heures, 100 fr. de médicaments : révulsifs, cordiaux, sels, etc.. Ce chiffre en réalité sera accru de 50 0/0, par ce principe, qu'un service immédiat a plus de prix.

Une maladie à 6 mois coûte, au bas mot :

Pour les remèdes seuls	150 fr.;	les	5	=	750 fr.
1 maladie à 3 mois	30	les	10	=	300
1 id. à 2 mois	45	les	7	=	305
1 id. à 1 mois	25	les	4	=	100
1 id. à 15 jours	17 50	les	2	=	35
1 id. à 7 jours	10	les	9	=	90

Total...... 2,800 fr.

A ajouter le total des morts violentes... 150
_____
2,230

En plus un bénéfice de 20 0/0 sur les six dernières maladies.................... 416

Soit, pour les décès, un total définitif de.. 2,646 fr.

Les remèdes donnés aux accouchées et aux enfants de naissance varient dans une proportion de 1 à 2. Mettons 2 francs pour les femmes, et 1 fr. pour les enfants, soit 3 fois 46 francs............................ = 138

Il y a, en outre, les malades qui réchappent : ils sont dans une proportion constante de 1 à 20, ce qui en fait 100 par an sur la population ; à 10 francs chaque............. 1.000

Second total...... 3,784 fr.

Nos frais de préparations et de matières

premières prélevés, il doit nous rester un bénéfice net de 3,000 francs.

Est-ce clair?

Léonie Dorpierre avait terminé son mémoire et, fixe, la tête raide, elle regardait son père.

Celui-ci exultait; sur-le-champ il voulut embrasser sa fille, là, comme ça! sur les deux joues.

Ce fut le baiser de Judas donné au village.

V

LES PHARMACOPOLES

La pharmacie était fondée.

On acheta les premiers médicaments chez Colignon d'Aps : les feuilles de thapsia, de Wlinsi, de vésicatoires, les pommades cantharidées, les moutardes, les boîtes de rhubarbe, de séné, les bocaux de magnésie et quelques eaux purgatives.

Vinrent ensuite des achats de sirops, de poudres, de sublimés, des extraits de toutes sortes. M. Colignon s'arrêta aux poisons, il réclama une ordonnance.

A Sodame, la fondation d'une pharmacie

causa un grand émoi. C'était un réel progrès pour le village que de posséder un potard. On se civilisait enfin ! on se droguait comme des gens propres.

Léonie Dorpierre fit l'admiration du pays entier ; on parla de son savoir, de sa charité ; on lut dans sa jeunesse, page à page, comme en un livre : les moindres faits devenaient souvenirs du domaine public, et l'engouement retournait toujours à cette pharmacie, raison probante d'une grande humanité.

Dans le peuple, des voix circulèrent annonçant que l'on ne payerait plus les remèdes, M. Dorpierre était riche.

La bourgeoisie parla d'un rabais considérable ; d'ailleurs, à prix égal, la pharmacie Dorpierre offrait un avantage indiscutable : la proximité du remède.

Les divers médecins qui visitaient le village depuis que Claude Constantin guérissait trop de monde, approuvèrent cette fondation ; ils adressèrent là désormais toutes leurs formules.

Cependant, au milieu de cette félicité générale, de cet épanchement de louanges, quelqu'un étouffait de remords dans Sodame, c'était Dorpierre. Il venait de dépenser 600 fr. en quelques jours, six cents francs de purgatifs, de révulsifs, de cordiaux, de drogues liquides et solides de toutes sortes; six cents francs en pièces de cent sous qui étaient passés aux mains d'un autre, et il oubliait tout : bénéfice et considération, il ne voulait rien savoir; il ne croyait plus aux chiffres de ce mémoire dressé en quelques minutes par Léonie, lui assurant à l'année trois mille francs de revenus !..... Peuh! des chiffres..... c'était facile à démontrer avec des chiffres. Et dire qu'il avait cru à ce gribouillage, qu'il s'était saigné de six cents francs..... non! c'était trop bête! Ah! la mauvaise opération, le mauvais placement! ça ne valait pas une sixième hypothèque. La terre, au moins, lui restait; elle ne s'en allait pas au bras d'un autre, la terre, lui produisant toujours un intérêt annuel, fixe, sans aléa. Mais les drogues! ces pilules! ces emplâtres! ces purges! que pouvaient-ils produire?

D'abord était-on sûr de les vendre? Y aurait-il acquéreur? Ne sécheraient-ils pas dans les pots? Certes, un vent de santé soufflait sur le village; il en savait bien quelque chose, lui, par ce peuple qu'il avait dépouillé, mis sur la paille, et qui, malgré tout, ne parvenait pas à crever. Non, on l'avait volé de six cents francs, sa fille de complicité avec le village, et le village payerait pour deux.

Et il rêvait à quelque empoisonnement monstrueux qui eût tordu 1,800 à 2,000 personnes en des affres indescriptibles. Mais sa rage, toute intérieure, ne se manifesta que par un manque absolu d'appétit.

Léonie voulut le purger.

— Écoutez, papa! maintenant que nous avons une pharmacie, il faut au moins nous soigner. Je vais vous préparer une petite purge de 30 grammes de magnésie seulement; il faut combattre ce manque d'appétit que je remarque en vous depuis quelques jours.

Il prit la purge, poussé par un sentiment d'avarice peu commun.

— Au moins, pensa-t-il, ce que je boirai ne sera pas tout à fait perdu; j'aurai ma part du vol.

Et il avala d'un trait un grand verre de magnésie. Il fut malade trois jours.

Pauline et Léonie travaillaient, du matin au soir, à la cuisine pharmaceutique.

Une pharmacopée, toujours ouverte devant elles, les initiait lentement à l'art de fabriquer les vésicatoires, les mouches de Milan, les granules d'opium, de morphine, les huiles, les sirops, les loochs, les pommades. Mme Dorpierre, elle-même, dut quitter son bas et piler tout le jour des graines et des sels. On lui avait réservé ce travail tout automatique, et on ne le lui ôtait plus des mains. La pauvre femme, à moitié idiote, ne se plaignait pas. Elle pilait, elle pilait, changeant de main toutes les heures, comme morte sur son siège.

Dans la grande cuisine noire on ne parlait plus, les yeux sur les drogues, le corps voûté; seul, le pilon de Mme Dorpierre mettait un ronflement sourd dans la salle, comme le point d'orgue d'une note basse. Une odeur détestable d'alcali et d'éther emplissait la cuisine, se répandant, par les portes ouvertes, dans tous les étages de la maison.

M. Dorpierre confessa un jour que ces nausées le fatiguaient. Il s'en prit à sa femme, qui concassait des grains d'aloès. Elle s'arrêta, sans un mot, mais visiblement contrariée. Ce labeur écrasant passé à l'état d'habitude chez elle l'intéressait beaucoup, Léonie et Pauline laissèrent aussi leur ouvrage, débarrassant au plus vite la table à manger des journaliers. Midi sonnait, trois paysans allaient venir prendre leur repas. La cuisine ce jour-là puait le camphre. Les journaliers entrèrent, s'assirent, mais cette odeur de remèdes dont les plats étaient fumés, depuis une semaine, les suffoqua plus que de coutume; ils mangèrent seulement un peu de soupe. M. Dorpierre qui assistait à ce repas ne se plaignit plus désormais des relents de pharmacie, ils avaient le bon côté de couper court aux faims voraces des paysans. Dès lors, le pilon de Mme Dorpierre ne s'arrêta plus, Léonie et Pauline purent pétrir à leur aise les onguents les plus subtils.

Cependant toutes ces drogues, fabriquées en trop grande quantité à la fois, séchaient dans les pots. On s'arrêta momentanément, ce premier zèle devenait funeste aux intérêts de la nouvelle pharmacie. Mme Dorpierre en quinze jour avait pilé de la magnésie, de l'aloès, de la rhubarbe en quantité suffisante pour donner le choléra au pays entier. Ce fut elle qui souffrit le plus de cette accalmie; elle refit des bas. A la vérité Léonie trouvait difficilement un débouché dans le village, mais, foncièrement commerçante, elle mit la bonne en campagne.

On écoula une partie des purges, d'ailleurs la grosse affaire du stock.

— Il faut renouveler le sang, disait Constance, au mois d'avril.

— Voyez-vous, madame Pontoux, une épicière de la rue de Manosque, j'avais des vertiges depuis quelques jours, je ne mangeais pas, et une langue sale!... il fallait voir ma langue. Eh bien! vous le croirez si vous voulez, 40 grammes de magnésie m'ont remise sur pied. Achetez donc de la magnésie; vous avez des enfants, n'est-ce pas? Purgez-les, purgez-vous, c'est nécessaire au printemps.

Chez une autre, elle prônait les eaux : l'Hunyadijanos, l'eau de Sedlitz; et, ailleurs, les huiles de ricin, le séné, la rhubarbe, les infusions dépuratives de camomille et de chicorée. Tout le village manqua s'empoisonner. Il y eut des cholérines épouvantables, et partant, un nouvel appel aux drogues de la pharmacie. Les flèches « astringentes » soutinrent, en bataillon carré, le feu nourri des batteries laxatives, la place ne se rendait pas, ce ne fut qu'après bien des tergiversations, un siège de deux mois, que les « toniques », les « stomachiques », les « cordiaux », les « lénitifs », eux-mêmes, eurent raison des foudres cholériques lancées, au printemps, sur les viscères abdominaux. Par là, les loochs, les sirops, les élixirs de Léonie Dorpierre eurent un écoulement; de nouveau, dans la grande cuisine noire, on reprit la fabrication des drogues momentanément suspendue. Mme Dorpierre quitta volontiers le bas pour le pilon.

Vraiment la saison du printemps avait été bonne pour la pharmacie. On avait vendu 400 francs de laxatifs et 500 d'astringents, c'était un joli début! Après cette expérience, le village fut un peu plus misérable.

Cependant les médecins d'Aps, de Barson, de Sault, de Forcalquier ne restaient pas inactifs à Sodame. Les Bouffe de nouveau étaient envahis de la teigne, la Lise rechutait de son érysipèle, le cafetier Bressat commençait une pleurésie, et quatre jeunes filles (dont deux au boucher Sylvestre, une autre au matelassier Niaou, la quatrième au débitant de tabac Besnard) avaient les fièvres typhoïdes; ces deux dernières furent heureusement sauvées par le vétérinaire Constantin, les deux autres restèrent aux mains du médecin Jaubart de Barson, un véritable empirique, celui-là, qui vous tuait raide en quelques heures. Les Bouffe furent rongés de leur teigne près de trois mois, malgré toute la science du docteur Espérons de Sault, quant à la Lise elle en réchappa par hasard. Il faut dire, à la vérité, qu'elle s'était guérie toute seule en buvant des tisanes dépuratives. Depuis son érysipèle de l'année précédente elle avait une haine farouche du corps médical. M. Laborel, une lumière du département, d'après elle, avait prolongé sa maladie de deux mois, tout en la ruinant de frais de visite.

Mais le cafetier Bressat, en revanche, mangeait cette année les économies de son négoce, flanqué de deux médecins. Il en logeait deux chez lui, l'un de Forcalquier, l'autre d'Aps. Il y eut là, dans sa boutique, consultations sur consultations qui toutes accouchèrent d'ordonnances compliquées : potions, loochs, révulsifs, fébrifuges, soporifiques; Bressat à lui seul occupait la pharmacie Dorpierre. Finalement il mourut laissant à sa femme 1,200 francs de dettes, tant médicales que pharmaceutiques.

La saison d'automne fut non moins lucrative à Léonie. Cinq poitrinaires n'attendaient que les premières gelées pour partir. — Jaubart de Barson, à la vérité, les retarda d'un mois. Ce fut comme un triomphe pour lui. Mais, grisé de ce succès, il décimait, quelques semaines après, trois colosses dans le village et deux robustes paysannes dans la plaine; après ce coup d'audace, par exemple, on ne l'appela plus à Sodame, on parla même de le faire interdire; sérieusement il était fou.

La déchéance du médecin Jaubart causa un préjudice énorme à la pharmacie Dorpierre, Léonie l'estimait de 500 francs à l'année. Saint-Étienne et Sault achevèrent heureusement cette saison que Barson avait failli compromettre, par des morts violentes, généralement peu productives.

En effet, le sujet s'alite et s'éteint, sans presque rien dépenser. Des ventouses à six sous tout au plus lui sont prescrites, et encore le moribond les refuse du geste, voulant mourir en paix. Certes, s'il est une heure où l'on aime à palper de la main le silence et le repos, à ne pas souffrir d'autres tortures que celles inévitables de l'agonie, c'est assurément la dernière heure de l'existence.

Dans les maladies de longue durée, au contraire, le malade a plus conscience de son état, raisonne son mal, s'accroche à la vie, se prête à toutes les exigences de la thérapeutique.

Bonne affaire que ces maladies! on peut gagner de l'or en barre sur le patient. Aussi Léonie Dorpierre avait, pour ces derniers affligés, des complaisances de sœur d'hôpital, leur préparait, indépendamment de la formule, des douceurs anodines, des dragées au miel, des bonbons à l'anis qu'elle leur portait elle-même, avec un flot de paroles aimantes. Elle faisait la bonne enfant, ne laissant pas transparaître, sous ses doigts de velours, les griffes de l'usure. Le malade oubliait momentanément son mal, à suçoter des sucreries.

Dorpierre commençait à respirer, les six cents francs de remèdes en avaient produit mille en moins d'une demi-année. Maintenant il approuvait la pharmacie, et lui qui, jusque là, s'était tenu sur la réserve en public, faisait de la propagande autour de l'œuvre de sa fille. Il avouait confidentiellement à ses amis, comme Constance, que quelques grains d'aloès venaient de le guérir d'une dyspepsie aiguë : une chose énorme, dont tout le monde faisait ses gorges chaudes.

Mais il n'en restait pas seulement sur le chapitre des purges, il parlait encore d'une entérite chronique, avec dévoiement et déjections sanguines, pour laquelle une solution de sulfate de fer, bismuthée au dixième, lui faisait le plus grand bien. Et il ne tarissait pas sur ses maladies, se disant toutefois privilégié du ciel, en son malheur, de posséder, chez lui, une pharmacie aussi efficace que celle de Léonie.

Quelques paysans étaient émerveillés de ces racontars, mais au village sa parole n'avait plus cours, on en devinait facilement l'intérêt, et, depuis la purge foudroyante du printemps, personne ne se risquait plus, sans ordonnance de médecin, à goûter la cuisine pharmaceutique.

L'usurier cependant ne se rebutait pas,

vantait toujours les produits de sa fille, donnant des explications sur la fabrication de certains remèdes, une foule de détails susceptibles d'allécher la clientèle. D'ailleurs, chez lui, il exigeait maintenant qu'on l'occupât à quelque chose. A différentes reprises, il s'empara du pilon de Mme Dorpierre. Celle-ci en pleurait silencieusement durant des heures, tant elle détestait l'oisiveté de faire son bas. Ce travail de piler des graines et des sels était devenu sa chose, et voilà qu'un despote s'en emparait. Mais Dorpierre, bientôt las de tourner le pilon, rendait le mortier à sa femme, s'employant à la fabrication des révulsifs; c'était plus intéressant! Un jour que Léonie ne le surveillait pas, il étendit de la pommade cantharidée sur une feuille à Wlinsi; Mme Dorpierre était seule avec lui, puis, la pâte étendue, découpa la feuille en carrés de 10 centimètres, il y en eut 40.

Ces quarante Wlinsi boursoufflèrent poitrines, dos et bras dans le village; on cria de douleur dans tous les coins. Ce fut un rude coup donné à l'art curatif des jeunes Dorpierre.

— Cette négligence est impardonnable, disait la Lise, je porterai plainte au procureur. D'abord elle n'a pas le droit d'exercer, Léonie, il lui faudrait un diplôme... Attendez voir! je monte chez elle, je vais lui montrer mon sein, c'est abominable!

Elle monta en effet, au sommet du village, s'arrêtant en route à chaque porte, montrant sa gorge nue, plate et saignante d'une plaie.

M. Dorpierre la reçut; il manipulait, en ce moment, de petits thapsias ronds, selon la formule.

— Où est mademoiselle Léonie? Je veux la voir, jeta la Lise, dès le seuil. Je veux savoir ce qu'elle a mis dans son Wlinsi pour m'abîmer ainsi le sein gauche; j'ai l'emplâtre dans ma poche, c'est bien un Wlinsi qu'elle m'a vendu, il y a le nom. Ah! c'est du propre!...

M. Dorpierre, blême, se pencha sur la gorge de la Lise. Ce fut toute une révélation, lui seul avait dû se tromper, et il avoua larmoyant:

— C'est moi, chère mademoiselle, qui ai fabriqué ce Wlinsi, je vous demande pardon, je vous fais mille excuses...... il n'y a que moi... quand on n'a pas la main à une chose, voyez-vous...

— Eh bien! il ne faudrait pas l'y mettre. Alors comme ça vous êtes tous pharmaciens maintenant?

Mme Dorpierre s'arrêta de piler, regardant avec hébétude cette étrangère, en robe de soie, qui parlait si haut.

— Ah! ah! ricanait la Lise, vous êtes tous pharmaciens! C'est bon! je dénoncerai ce tripot à la police, j'ai des amis à Marseille. Nous verrons un peu si vous avez le droit de droguer le monde; vous montrerez vos diplômes.

Dorpierre fut terrifié, l'émotion l'étranglait, il voyait noir, la cuisine se creusait en abîme sous ses pas.

— Oui! reprenait la Lise, je vous dénoncerai tous les quatre, vous irez chacun passer quelque mois à l'ombre.

Dorpierre poussa un cri :

— Ah! de grâce! pitié! mademoiselle, c'est notre gagne-pain, cette pharmacie, ne nous trahissez pas.

— Votre gagne-pain? et l'usure, donc? Il n'y a cependant pas très longtemps que vous avez exproprié mon père, vieille canaille! Qui a racheté le champ? et pour combien? Cinq cents francs! n'est-ce pas? et deux cents prêtés auparavant, ça fait sept cents. Sept cents francs! grand Dieu! qui ont payé une terre de douze cents francs, la meilleure du pays, et l'on ne fait plus l'usure, on gagne son pain avec des drogues!...

Écoutez, M. Dorpierre, vous allez me rembourser ce que vous nous avez pris. Nous ne parlerons plus de rien, après cela; je serai bonne fille. Mais je veux cinq cents francs, entendez-vous? ou sinon je pars demain pour Marseille, je vais montrer mon Wlinsi et ma gorge à la Faculté.

Dorpierre se leva, ânonnant d'une voix éteinte : — Je vais vous chercher l'argent.

Un instant après, il restituait, les yeux aveuglés de larmes. La Lise lui signa un reçu, puis s'éloigna, débraillée, éclatant de rire. Léonie rentrait.

Dorpierre, comme assommé, restait assis, les bras ballants, la tête pendante sur la poitrine, immobile et muet.

Mme Dorpierre, son pilon à la main, ne bougeait pas, hypnotisée par les chenets luisants, et, dans la grande cuisine, pas un bruit, du silence et de la mort partout.

VI

LA DÉVOTION

La pharmacie était déjà fondée que Sodame restait sans prêtre, depuis la mort de M. Télamon.

Cette mort foudroyante de l'homme de Dieu donna à penser aux dévotes du village; dans l'emprise étroite de leur esprit, elle s'agita comme un scandale.

— A-t-il eu le temps de se confesser? demandait-on à la Chapanelle.

— Bien sûr que non! Il ne respirait plus quand je l'ai porté à son lit. Dieu fasse paix à son âme!

— Tenez, disait la Victorine de la Brèche à la Miette du faubourg, un matin où celle-ci venait lui acheter deux sous de lait, j'ai rêvé de l'enfer, cette nuit, il y avait M. Télamon dedans, je le vois encore.

La Miette déclarait, à son tour, qu'il devait fatalement mal finir.

— Ce n'était qu'un bout d'homme, concluait-elle, quand on est mal fichu du corps, on l'est de l'âme; les bossus, par exemple?... tous méchants! et juifs avec ça.

Cependant d'autres pensées tourmentaient encore les esprits. Resterait-on longtemps sans curé? quel serait le nouveau pasteur? serait-il gras? serait-il maigre?

Mme Marel, une congréganiste à tout feu, se disait renseignée. Par discrétion seulement elle ne parlait pas.

Les jours s'écoulèrent dans l'inquiétude, les mois eurent des durées de siècle en cette attente d'un pasteur. Un an s'écoula, on manquait de confesseur, on manquait de messe, on manquait de prières du soir, d'une foule d'exercices pieux. Mgr Couillot semblait avoir complètement oublié la paroisse de Sodame ; on le disait ramolli, presque en enfance.

Une nouvelle année s'ouvrait : Noël, la Circoncision, l'Épiphanie venaient de passer sans solennité aucune. Comme l'année précédente, le curé de Carmagnol disait une messe basse à 8 heures, tous les dimanches. Mais qu'est-ce que c'était qu'une messe basse ? D'ailleurs, il allait trop vite, on ne pouvait le suivre, on n'entendait que drin drin au sanctus, drin drin à l'élévation, drin drin à la communion... et la messe était dite.

Au confessionnal, il était inabordable.

— Allons, vite ! « je confesse à Dieu » pas d'histoire surtout. Acte de contrition. Psst... psst... psst... scum... scum... domine... amen ! Vite, vite, à une autre ! vous reviendrez dimanche, je n'ai pas le temps.

Et il poussait dehors la pénitente.

Ce n'était pas un directeur de conscience,

un père spirituel, onctueux et lent dans ses paroles, docile à tout écouter ; de là naissait contre lui le grand grief des dévotes. Quelques-unes s'écartèrent momentanément de Dieu, elles ne voulaient plus se confesser.

— Non ! je ne puis pas, Mme Marel, avouait la Chapanelle, je ne sais plus... j'oublie des fautes... ça me trouble après, je préfère attendre notre nouveau pasteur.

— Vous avez presque raison, ma bonne. Le curé de Carmagnol n'y entend rien du tout. Comme s'il ne pourrait pas nous aider un peu, il y a cependant certaines choses sur lesquelles on aime bien........ vous me comprenez, Chapanelle, quand il faut dire ça tout seul, c'est gênant. Non ! il ne vous aide pas, il ne veut rien deviner, et si on hésite une seconde :

« Allons ! allons ! dépêchez-vous, je n'ai pas le temps ».

— Oui, oui, il ne remplit pas avec honneur son ministère. C'est comme sa messe ;

moi je ne la lis plus; impossible de le suivre à l'autel. Sans la clochette du clergeon, on ne se mettrait plus à genoux aux bons endroits.

— Ah! c'est un temps d'épreuves pour nos âmes, soupirait Mme Marel, le mal dans le village tue le bien, les républicains ont la partie belle, aussi vous verrez les élections; quand il n'y a plus de prône le dimanche.....

Déjà M. Télamon gardait une trop grande réserve; il ne disait pas assez de mal de la République; il ne parlait jamais de notre saint roi Henri V.

Tenez! je voudrais être prêtre, Chapanelle, je sauverais ce pays.

La politique tenait une grande place dans l'esprit de Mme Marel, mais une chose l'obsédait plus encore: la conquête de la congrégation. Elle rêvait, depuis des années, de supplanter Mme Esther du faubourg, dans ses fonctions de directrice; la lutte était opiniâtre des deux côtés. Mme Esther défendait ses droits « unguibus et rostro », depuis la mort surtout de M. Télamon, son protecteur. Fréquemment, elle convoquait les congréganistes à l'église, prenant sur elles l'autorité d'un directeur de consciences. Il y eut des jalousies féroces; on se rendit au sanctuaire, la rage au cœur; le bourdonnement du chapelet en témoignait. Mme Marel aiguisait les esprits, catéchisait, dans tous les coins du village, les dévotes, leur démontrant, par a + b, l'ambition démesurée de la directrice.

— Un de ces jours, disait-elle, vous la verrez monter à l'autel, elle nous dira la messe.

On la croyait sur parole.

Au faubourg, cependant, quelques vieilles béguines soutenaient Mme Esther.

— C'est une brave femme, celle-là, une bonne mère spirituelle qui veut notre bien à tous. Pourquoi changerions-nous? Nous lui avons confié le pouvoir sous M. Télamon.

Et elles ajoutaient, les vieilles béguines, beaucoup d'autres choses à la défense de Mme Esther.

Mais le village l'emportait dans cette lutte par le nombre. Il comptait, en plus que le faubourg, dix congréganistes : une force inappréciable. Il y eut comme un comité de salut public, des réunions de jour et de nuit, dans lesquelles on délibéra sur les statuts de l'ancienne congrégation, sur le mandat de Mme Esther ; unanimement on la déclara déchue de ses droits. On refit de nouveaux statuts, on supprima des exercices de piété, on en admit d'inusités jusqu'alors. Toute une petite chambre cléricale fonctionnait avec ses tumultes et ses accalmies, ses discours et ses votes.

Le salon vert de Mme Marel était le lieu de réunion, on y étouffait.

Mme Marel accepta le fauteuil de la présidence.

Dès huit heures après le repas du soir, au lieu d'aller à l'église, comme par le passé, jeunes et vielles dévotes se rendirent au salon vert, boyau des Enclos.

On entrait par un magasin de nouveautés, une boutique d'épicerie faisait face, également tenue par Mme Marel.

Un salon vert s'ouvrait tout au fond du rayon des calicots. Il y avait là 15 chaises, au milieu, un fauteuil dans un angle, à droite, en entrant, un poêle rouge, et, sur les murs, convergeant à un grand christ d'ivoire, des saintes images, des rameaux bénis. A gauche, sur une cheminée prussienne, deux statuettes et des chandeliers allumés. Une dizaine de chapelet ouvrait et clôturait les réunions; des cierges brûlaient pendant ce temps.

— Au moins, nous sommes chez nous ici, observait spécieusement la présidente.

— Et mieux qu'à l'église, ajoutait la Chapanelle. Moi je m'y pourrissais les os, tellement il y a de l'humidité.

La Lise avait demandé à faire partie de la nouvelle congrégation. On la reçut un dimanche soir. A cette occasion, elle fit de la toilette. Elle arriva en robe de faille noire, un chapeau Fœdora, des gants derby achevaient sa mise. Le salon vert fut honoré. Dans le village, cette conversion surprit beaucoup, mais, finalement, elle édifia ; on parla du retour à Dieu d'une âme égarée. En réalité, rien n'était changé dans la conduite de la pécheresse : en bonne fille, elle conservait tous ses amants, même il y eut comme un renouveau de débauche dans son bastidon du faubourg.

On était déjà à la fin février. M. Lipert, curé de Carmagnol, annonça un dimanche à Sodame qu'il donnerait les cendres, le mercredi 23, à six heures du matin. Il ne pouvait, disait-il, les donner plus tard, devant se rendre ce jour-là à Barson pour une affaire pressante. Dix personnes seulement assistèrent à la cérémonie : huit du village et deux du faubourg.

La Lise, le soir, émit cette opinion dans le salon vert :

— Puisque quatre de nous n'ont pu recevoir les cendres à l'église, il faut que notre supérieure les leur donne ici.

Mᵐᵉ Marel répondit qu'elle ne pouvait prendre sur elle cette responsabilité, c'était un attribut sacerdotal.

— Aux voix! cria la Lise.

On vota pour elle à l'unanimité. Au fond, toutes les dévotes désiraient renouveler la cérémonie du matin. La Chapanelle offrit sa chaufferette. Alors, ôtant ses gants, la Lise prit une pincée de cendre tiède et, traduisant le latin liturgique, récita, la main sur le front de la Chapanelle :

« Souviens-toi, homme, que tu es pous-
« sière et que tu retourneras en pous-
« sière ! »

Et successivement, prenant une pincée de cendre, elle macula le front de toutes les congréganistes, terminant par elle-même.

Cette cérémonie était touchante. Les mains jointes, l'attitude humble, les dévotes s'agenouillaient et se relevaient silencieuses, presque émues. Les dix cierges fauves pleuraient sur leurs bobèches; une grande paix emplissait la salle.

Soudain la Lise éclata de rire, elle se tordait, les mains sur les flancs. Toutes les dévotes se levèrent dans des cris d'indignation et des gestes effarés.

— Sortez! sortez donc! A la rue! à la rue!

Elles criaient toutes à la fois.

La Lise dut sortir huée, conspuée.

Le lendemain, elle révélait au village les mystères du salon vert.

— Non, c'est trop drôle! Je leur ai donné les cendres hier soir, il fallait voir ça.

Dans les rues, on s'attroupait pour avoir des détails sur ce scandale. Le ridicule tuait la nouvelle congrégation. On ne se réunit plus chez Mme Marel, cette coquine de Lise avait gâché les parties de dévotion.

Humiliées, médusées, comme meurtries, toutes les dévotes revinrent à la sage direction de Mme Esther qui, elle, récitait toujours le rosaire, au pied de la Vierge, dans cette église noire, humide, où la Chapanelle disait avoir pourri ses os.

Carême prenant, l'abbé Lipert prêcha tous les dimanches quelques minutes.

Son instruction, très courte, fut particulièrement suivie des hommes. Depuis si longtemps que personne n'ouvrait la bouche à l'église, villageois et paysans n'y mettaient plus les pieds. L'abbé Lipert crut à des conversions, il se trompait. On venait écouter quelqu'un, voilà tout.

Les Quatre-Temps, Reminiscere, Oculi, Lætare, se passèrent sans le moindre incident.

Mais le dimanche de la Passion, grand émoi dans tout le village.

Malgré le deuil de l'Église, les cloches carillonnaient... Dri, lin, din, din, don !!! On n'entendait que ça, on ne s'écoutait plus parler ; les demandes et les réponses s'entrecoupaient, et on bavardait à s'étrangler.

— Quoi ? quoi ? Qu'y a-t-il ? qu'est-ce ?
— Ah ! Vous ne savez pas ?
— Non.
— Eh bien ! M. le curé est arrivé !
— M. le curé ? Parbleu ! ne vient-il pas tous les dimanches ?
— Mais non ! vous confondez ; ma foi, tant pis, je n'ai pas le temps.
— Si, si, dites toujours.
— Eh bien ! le nouveau, M. Dizouard.
— Ah ! ah ! C'est pour un nouveau curé qu'on sonne si fort.

Dans tous les coins on se pressait, on s'étouffait pour avoir des nouvelles.

La grande Mélie était particulièrement interwiewée. Elle l'avait vu le matin, elle le connaissait. De son balcon, elle donnait des détails aux dévotes accourues.

Les jeunes filles du peuple, ce jour-là, mirent des rubans neufs à leur coiffe ; la bourgeoisie fit de la toilette : chacun tenait à parader à cette messe de la Passion.

La Lise fut de nouveau un sujet de scandale. Elle entra à l'église en robe de brocart, un chapeau royal sur la tête, à plumes rouges.

Les Bouffe se mirent en frais. Récemment relevés de cette teigne implacable qui les envahissait tous les ans, ils arrivèrent au Sanctus vêtus de choses neuves. Le bedeau les arrêta vers le milieu de l'église. De là, une discussion. Ils voulaient monter droit au chœur, en désordre, dérangeant tout le monde; mais force leur fut de s'enfourner dans un banc latéral : on faisait la quête; le bedeau les menaçait de sa crosse. Endimanchés tous les cinq : le vieux, la femme et les trois filles, ils étaient méconnaissables, ils ressemblaient à des bourgeois; toutefois, à l'épilation du crâne, on les reconnaissait.

Personne n'entendit sa messe. Sous la chaire, quatre polissons imitaient le tambour; dans le chœur, on vociférait le plainchant; la porte d'entrée battait à rompre et, de tous côtés, c'étaient des chuchoteries, des rires étouffés, des bruits de chaise interminables. On ne se gênait pas; les dévotes elles-mêmes échangeaient des réflexions. D'ailleurs le nouveau curé, par son allure lourde de paysan, par sa voix nasillarde, prêtait à la dissipation générale. Il ne prêcha pas, mais il chanta le Kyrie, le Credo, la Préface, l'Agnus Dei, psalmodia les évangiles sur un rhytme détestable. A chaque Dominus vobiscum, les fidèles purent fouailler sa face de regards.

Elle était ronde, empâtée, pâle, avec des yeux vifs, des lèvres minces, un front étroit et têtu. Son geste était large au-dessus de la foule, comme rempli d'absolution; son corps, lourd, tout en chair. On pouvait le prendre, de prime abord, pour quelque curé de campagne inepte et bon.

Dans le peuple, sa carrure fit sensation, on le trouva bien, avec ses épaules de taureau. La Lise avoua que c'était un beau mâle. Ce mot, dans sa bouche de dépravée, fit rougir des hommes, la plaisanterie était de mauvais goût à l'église.

L'impression des Bouffe fut bonne. *A cò es un capellan!* disait le vieux! On dut le faire taire, il parlait trop fort.

La messe s'acheva en des causeries sourdes ; de chaque banc, montait comme un bourdonnement de ruche au soleil.

Les Dorpierre seuls restaient impassibles, étrangers à ces réflexions irréligieuses qui circulaient.

Léonie, Pauline, n'en étudiaient pas moins l'homme dans le prêtre et le prêtre dans l'homme jusqu'aux moindres détails. Elles le dépouillaient et le vêtaient de la chair à volonté, suivant les pensées diverses qui les agitaient.

Dorpierre, frémissant encore des prônes de M. Télamon (ces flèches aiguës que le vieux prêtre lui décochait de la chaire), rêvait de faire son ami du nouveau curé. « Le prêtre, s'avouait-il, est une force « redoutable, susceptible cependant de « dévier dans sa norme. Et pourquoi ne « l'utiliserai-je pas, cette force ?

« Je veux l'associer à la mienne. Nous
« serons deux à l'attaque, deux à la défense,
« quitte à nous étrangler devant le butin
« final. »

On éteignait les cierges du maître-autel.

Toute la foule était sortie, bruyante, irrespectueuse, mais sans malice au cœur.

Seuls les Dorpierre restaient encore dans leur banc, hantés par des rêves.

— Partons-nous, papa ! demanda Léonie, quand il n'y eut plus personne.

Ils sortirent tous les trois, le père et les deux jeunes filles. Mme Dorpierre, indisposée par un catarrhe, était restée dans sa grande cuisine.

VII

LE NOUVEAU PASTEUR

Comme M. Télamon était mort sans testament, la Chapanelle avait dû disputer ses meubles et ses hardes à trois cousins venus pour la curée.

Elle ne leur donna rien, et, en prévision d'autres héritiers, fit mettre les scellés partout. Personne ne vint plus, les trois cousins eux-mêmes ne se dérangèrent pas, une seconde fois, pour une charretée de vieilles chaises, de tables boîteuses, de linge sale. Le mobilier pouvait valoir 30 francs chez un brocanteur; ils étaient trois, ce qui ne payait plus les frais de déplacement.

A l'arrivée seulement du nouveau pasteur, le maire fit ôter les scellés et transporter à la commune ce qui avait quelque valeur, on en ferait une distribution aux pauvres. Il ne fut laissé à la cure que les bibelots inutiles, des Saintes-Vierges en plâtre, des bénitiers de buis, une demi-douzaine de vieux livres.

La Chapanelle se rongeait les poings, on ne lui avait encore rien donné de l'héritage. Oh! elle ne convoitait qu'une bagatelle, un souvenir du pauvre M. Télamon, son maître de vingt ans. Certes, puisque les pauvres n'en profitaient pas de ces livres, de ces bibelots, on aurait dû les lui laisser à elle, au lieu d'en faire profiter le nouveau curé, un richard celui-là!...... Mais elle fut honnête à ne rien soustraire, pas même un paquet de bougies rances, acheté la veille de la mort de M. Télamon.

M. Dizouard prit possession de ces menus objets, disant de sa voix lente, tirée du nez :

— Mademoiselle Chapanelle, on a sans doute fait un inventaire de toutes les choses données à la cure, je désirerais l'avoir en main pour contrôler.

— Mais non ! monsieur Dizouard, il n'y a pas d'inventaire. On a mis les scellés tout d'abord, puis, à votre arrivée, on a porté les meubles à la commune : les gros, la couchette, deux commodes, un canapé, six chaises ; le reste est ici.

La Chapanelle étendait les bras en tous sens, montrant ce qu'il restait encore de son pauvre mort.

— C'est bien ennuyeux, grogna Dizouard.

— Mais personne ne vous a volé. Je n'ai pas bougé d'ici, moi, et certes, la main sur la conscience, je puis répondre que rien n'a disparu ; on me connaît dans le pays, vous pouvez vous renseigner, je ne crains rien, « la Chapanelle est une honnête fille ! » Eh bien ! merci, vous y regardez de près au moins, ce n'est pas moi qui resterai à votre service.

La Chapanelle sortit très fière de la cure.

M. Dizouard mit quinze jours à s'installer, pendant lesquels il ne fit aucune visite dans le pays.

— Il manque de savoir-vivre, c'est un paysan, bavardait la Lise, un peu partout. Je n'en voudrais pas chez moi d'une brute pareille, ajoutait-elle avec un clignement d'yeux pervers.

Mme Marel ne se prononçait pas, seulement elle se plaisait à écouter les critiques. Mais, en général, toute la petite bourgeoisie : les dames Vaugin, les demoiselles Mathieu, Mizé Bonnon, Mizé Vincent, la grande Mélie, la Barthalier attaquaient ouvertement le nouveau curé, sur sa façon grotesque de prendre possession d'une cure.

— Nous sommes donc des paysannes? disaient-elles vexées de ce manque de déférence.

La plupart de ces dames, à la vérité, tenaient boutique ouverte : Mizé Bonnon vendait des indiennes; Mizé Vincent gérait

6

un café; la grande Mélie faisait des chapeaux; les dames Vaugin, des robes; mais aucune n'allait aux champs, de là cette vanité !

Les Dorpierre ne soufflaient mot à personne du nouveau prêtre. Entre eux, ils l'estimaient déjà.

— Il a du caractère, disait Dorpierre à ses filles, je le crois une force.

— Oh !... un bien digne homme, répondait Léonie, et doux et avenant, il dit sa messe avec une ferveur d'adepte.

— Il a le front étroit, remarquait Pauline, c'est parfois un signe d'intelligence.

— Et de bonté toujours, ajoutait sa sœur.

Mais Dorpierre se souvenant de son œil vif, de ses lèvres minces, pensait : « Il doit « être méchant et hypocrite, voilà l'homme « qu'il me faut ».

Une curiosité inconsciemment passionnelle hantait les pensées de Léonie, qui toutes convergeaient à ce :

« Quand viendra-t-il nous voir ? »

Souvent elle essayait de raisonner ce sentiment de curiosité, s'inquiétant de ce désir puissant de voir le prêtre face à face, de lui causer, de l'entendre. Il devait être agréable, elle le voulait savant, fidèle ami. Puis elle s'arrêtait dans son rêve. Pourquoi ces pensées? pourquoi ces vagues espérances? pourquoi cette attente? Ce prêtre ne devait rien être pour elle, et elle le désirait, elle ne voyait que l'homme en lui dévêtu du caractère sacerdotal. Et son rêve reprenait:

« C'est l'homme qui ouvrira des hori-
« zons nouveaux à ma vie d'hermétisme et
« d'esseulement. »

Il y avait, en elle, un désir vaguement sacrilège de l'esprit et de la chair.

M. Dizouard, après son installation, fit cependant quelques visites, il fut particulièrement chez les ennemis de M. Télamon. Les Dorpierre le reçurent en grande joie. A cette occasion, on acheta des petits gâteaux. Léonie, en toilette claire de printemps, faisait les honneurs du buffet. Toute la famille de l'usurier était réunie au salon entourant le prêtre. Réciproquement des félicitations étaient échangées, des paroles douces couraient sur les lèvres, les yeux luisaient de bienveillance, de bonté, on était charmé de se connaître, de se comprendre, de s'estimer mutuellement.

— « Dieu et patrie », disait Dorpierre, nous ne connaissons que cette devise. De tout temps, les curés de ce pays ont trouvé en moi un défenseur, un soldat de la foi, un homme de principes, autant qu'un ami dévoué, et j'espère que vous aurez lieu de m'apprécier à votre tour, je travaillerai dans ce but. Dès aujourd'hui je me mets à votre disposition en tout et pour tout.

M. Dizouard fut touché. Prenant la main de l'usurier, il la garda dans la sienne, disant d'une voix émue :

— C'est une grande consolation pour un nouveau pasteur d'avoir quelques âmes d'élite autour de soi, dans un village surtout où le bien est si difficile, l'impiété et la débauche si manifestes. J'accepte le puissant concours de votre famille, Monsieur Dorpierre, comptez en retour sur mon dévouement et ma sympathie.

Léonie s'était rapprochée, ainsi que Pauline. Cette causerie intime, pleine d'effusion, permettait une proximité excessive des corps. La soutane et les jupes se confondaient, les coudes se frôlaient, et toutes les respirations s'effleuraient de caresses chaudes. Cette réunion avait sa volupté.

M. Dizouard resta deux heures. On parla d'une foule de choses, en particulier du village, de l'esprit du peuple et de la bourgeoisie.

Dorpierre faisait le bon apôtre, il paraissait défendre tout le monde, en étalant toutefois au vif les plaies de chacun, et, finalement, de l'avis du prêtre, il conclut que tout le bien restait à faire.

— Vous prenez en main une lourde charge, comme qui dirait un bloc d'argile informe, sur lequel vos prédécesseurs n'ont rien ébauché.

Cette comparaison épanouit le visage de M. Dizouard, un flot d'orgueil jaillit en regards de ses yeux verts, un sourire pinça ses lèvres maigres; il se sentait la force du sculpteur, et, se levant, laissa tomber cette phrase hypocrite :

— Nous ramènerons par la douceur toutes les brebis au bercail.

VIII

PRESQUE UNE CHUTE

Les Dorpierre rendirent la visite de M. Dizouard, et réciproquement, ce fut une navette constante entre la Cure et la Maison-Neuve.

Tout d'abord, Dorpierre accompagna ses filles chez le prêtre, mais bientôt il prétexta des affaires sérieuses, et laissa aller, toutes seules, Léonie et Pauline, depuis qu'un paysan était venu chez lui, pour un emprunt, justement comme il bavardait au presbytère. L'affaire pouvait être manquée. Non, certes, il ne voulait plus courir de ces risques, il se tiendrait à son cabinet tout le jour, sans bouger, les paysans et les villageois devaient le trouver, à toute heure, et il se gourmandait, se traitant d'imbécile, de fainéant, se refusant désormais les moindres distractions.

— « Mes filles entretiendront des relations avec le curé; je n'ai pas un besoin immédiat de lui; les élections municipales n'auront lieu que dans six mois; et il me suffit de le mettre en campagne une quinzaine auparavant. »

Maintenant, dans le silence de son cabinet, il compilait des dossiers hypothécaires, méditant la ruine de chaque débiteur. Ici, on pouvait tenter, à coup sûr, une expropriation, l'individu n'avait aucun argent, sa récolte était à moitié mangée déjà, il ne pourrait, par conséquent, se porter acquéreur à la vente. Il y avait un 50 o/o net à gagner. Là, au contraire, il fallait attendre quelques mois encore. Le débiteur venait de vendre un troupeau, ou d'hériter d'un parent riche, mais il serait bientôt à sec, et alors, on pourrait lui adresser l'huissier.

Et, ailleurs, dans d'autres paperasses, il trouvait d'autres créances mûres pour la spoliation judiciaire, et d'autres titres de dette, à délai de ruine prolongé.

Gauthier gagnait, à la procédure malpropre que lui fournissait Dorpierre, de 1,200 à 1,500 francs, le tribunal de 3,000 à 4,000, et lui, l'usurier, volait dans les 18,000 francs de terre.

La saison du printemps était la meilleure pour les expropriations. Le paysan, à cette époque, avait engraissé le sol de sa sueur et de son argent. Il avait fumé, labouré, ensemencé les champs de la prochaine récolte; tout un capital était enfoui là pour le nouveau propriétaire.

Aussi, dès le mois d'avril, Gauthier entrait en campagne et Dorpierre ne sortait plus de son bureau, évitant ainsi de rencontrer quelqu'une de ses victimes. Pour le public spolié il était toujours absent, ne recevant chez lui que des gens honnêtes, des gens qui, possédant encore de la terre, étaient susceptibles d'être ruinés. Derrière ses persiennes closes, il surveillait le boyau des Enclos, et, suivant qui entrait dans sa maison, restait muet ou ouvrait la porte de son cabinet. Constance et Mme Dorpierre avaient pour consigne de répéter invariablement :

— Montez voir chez Monsieur, au troisième, la porte à gauche, nous ne savons pas s'il est chez lui.

Maintenant que Léonie et Pauline allaient seules chez M. Dizouard, leurs visites étaient d'une fréquence et d'une longueur remarquables. On se visita d'abord deux fois par semaine. M. Dizouard montait à la Maison-Neuve le dimanche, les demoiselles Dorpierre descendaient à la Cure, le jeudi. Puis, insensiblement, on se vit trois fois, puis quatre, et bref ! journellement. C'était une imprudence.

Dans le village on commentait beaucoup ces visites de jeunes filles à curé. Mme Marel en avertit un jour Léonie. Cette révélation fut une angoisse pour l'aînée des Dorpierre. Elle entrevit une rupture nécessaire, un esseulement mortel de ses heures que ni la pharmacie, ni les promenades, ni la lecture, ne parviendraient à remplir.

M. Dizouard, à son tour, fut attristé, on ne lui rendait plus ses visites, Léonie et Pauline le rencontraient dans les rues sans lui parler, il ne s'expliquait pas ce brusque changement des jeunes filles à son égard, il ne savait à quoi attribuer l'indifférence de ses deux amies et il connut, lui aussi, les affres de la solitude. Ses visites devinrent plus rares, il les supprima finalement. Alors Léonie ne put garder plus longtemps un secret qui l'étouffait. Elle s'habilla, un jeudi matin, et, seule, descendit au presbytère. M. Dizouard disait son chapelet, l'arrivée de Léonie le laissa muet d'étonnement.

— Comment, c'est vous ! s'écria-t-il, avec un éclair de joie dans les yeux.

Cette entrevue leur était délicieuse à tous les deux.

— Oui! c'est moi, répondait Léonie, le sourire aux lèvres.

Et, câlinement :

— Avouez que vous ne m'attendiez plus, peut-être me croyiez-vous morte ?

— Oh! la mauvaise parole! Non, certes, e ne vous oubliais pas dans mes prières, je pensais que quelque motif vous écartait momentanément du prêtre, mais que vous reviendriez à lui, plus fervente.

— Mon père, je sais que votre cœur est infiniment bon, et j'ai souffert, croyez-moi, de ne m'être pas ouverte à lui plus tôt, d'avoir gardé un hermétisme coupable envers la droiture et la confiance qu'il m'accordait.

— Voyons! ma chère enfant, quel est le sujet de votre tristesse? Confiez-le moi sans crainte.

— Ah! mon père! des langues perverses ont parlé dans le village de nos visites, diffamant nos intentions les plus chastes. Aujourd'hui nous ne devons plus nous voir qu'au confessionnal, voilà pourquoi je ne viens plus chez vous.

— Eh bien ! ma chère enfant, je le préfère, vous m'ouvrirez là, au tribunal de la pénitence, votre belle âme, vous viendrez me voir souvent, souvent, tous les jours, si vous le voulez. Nous causerons, comme par le passé, du bien à faire à ce pauvre village livré aux vices, malgré lui nous le sauverons. Je veux en outre vous donner la direction de la chapelle de la Sainte Vierge, vous serez congréganiste, afin que tout le monde puisse témoigner de votre ferveur à la sainte cause de Dieu. Ce sera la voie la plus sûre pour reconquérir cette estime publique, un instant ébranlée par quelques impures calomnies.

Et maintenant, livrez votre cœur à la joie et à la paix.

— Oh ! mon père, s'écria Léonie dans un transport, que votre bonté est grande !.....
Je ne trouve aucun mot capable de rendre

le ravissement dans lequel vous me plongez, toute vivante;..... c'est une chose exquise, faite de calme et d'émotion, de joie âcre et de bonheur serein..... Mon père!..... mon père!.....

Léonie ne put aller plus loin. Elle glissa sur ses genoux, s'abandonnant à un spasme éro-hystérique, la figure cachée dans la soutane du prêtre.

Une volupté les retenait tous les deux immobiles, haletants, pleins de fièvre; leurs pensées se polluaient déjà aux frôlements de leurs corps, quand un violent coup de sonnette les ravit à l'extase sacrilège.

Léonie, droite maintenant dans la pièce, rajustait sa voilette; Dizouard, rouge d'apoplexie, courait ouvrir.

C'était la Chapanelle venant chercher un petit lampion à elle, oublié dans la cure depuis des mois. M. Dizouard la suivit à la cuisine. On chercha cinq minutes sans rien trouver.

— Je ne me trompe pas, cependant, mon lampion est bien ici, disait la Chapanelle, furetant partout.

M. Dizouard s'impatientait.

— Vous reviendrez un autre jour, je n'ai pas de temps à perdre.

— Mon Dieu! mon Dieu! une minute. D'ailleurs, vous pouvez me laisser seule, je ne vous dévaliserai pas, je ne veux que mon bien. Certes, M. Télamon oubliait les clés à ses armoires, à son secrétaire même....., oui, à son secrétaire.

Elle voulut entrer dans la salle à manger.

Le salon où était Léonie s'ouvrait à gauche.

— Allons! sortez d'ici, vous reviendrez demain, cria M. Dizouard.

La Chapanelle s'en alla, grommelant:

— Bou Dieou, què dè brut! Bien sûr! que je reviendrai demain, je tiens à mon lampion.

M. Dizouard respirait; mais cette fausse alerte l'avait éteint à la luxure et il congédia gracieusement Léonie par un : « Je vais à l'église, mademoiselle. »

Léonie Dorpierre se rendit régulièrement au confessionnal de deux à trois heures de l'après-midi, heure à laquelle M. Dizouard écoutait les grandes dévotes du village, celles qui ont recours au prêtre tous les jours.

Il y en avait dix : deux veuves inconsolables et huit vieilles filles hystériques.

Léonie attendait la dernière, car on avait plus de temps pour causer, on était plus seule à seul dans la grande église noire. La conversion de Sodame devait dater de ces confessions.

Là, dans la cellule étroite du confessionnal, vrai dépotoir des consciences, l'abbé Dizouard et Léonie Dorpierre jetèrent les soi-disant jalons du bien. Mutuellement ils se communiquaient leurs pensées, leurs plans d'attaque et de défense.

Telles personnes du village pouvaient prêter un concours utile. Il s'agissait de les gagner, d'en faire de stupides rouages, des forces inconscientes que l'on opposerait aux ennemis. D'autres, plus intelligentes, devaient agir par elles-mêmes dans l'œuvre de salut. Il y avait encore des inutilités de bonnes femmes, des comparses enfantines, qui figureraient dans cette comédie évangélique. Ensuite, venaient les hommes.

Tous n'étaient pas athées, plusieurs pratiquaient aux grandes fêtes : ceux-là joueraient des rôles importants ; tandis que certains, plus refroidis, mais non hostiles, feraient de très bons jeunes premiers.

M. Dizouard ne fondait aucune espérance sur les enfants ; — les jeunes gens, il les avait jugés : tous débauchés, tous impies ; et quant aux jeunes filles, à part quelques choristes, elles dansaient..... C'était tout dire !

La danse ! Voilà ce qui perdait les villages.

— J'ai fait un vœu, en venant dans ce pays, confia-t-il à Léonie Dorpierre, j'ai fait un vœu : celui d'extirper la danse du cœur des jeunes filles, et je le tiendrai, ma chère enfant; car j'ai cette force dont mes prédécesseurs ont toujours manqué : « l'entêtement. »

IX

LES DANSES

Danser !!!
On leur faisait un crime de danser. Mais la Vierge, rapporte une très sainte tradition, dansa aux noces de Cana. Eh! pourquoi donc la danse serait-elle vice si affreux au village? La noblesse a ses menuets, la bourgeoisie ses cotillons, le peuple ses farandoles, nous dansons tous, et je n'y vois aucun mal pour ma part, le village de Sodame, non plus, n'y voyait aucun mal.

Dès l'arrivée des premières haleines printanières, dès l'arrivée des premières hirondelles, le démon de la danse enflait toutes les jupes. Le printemps mettait des fourmillements aux pieds des jeunes filles, un besoin indicible de tressauter les empoignait, comme une force surnaturelle les enlevait de terre; et, pareilles aux jeunes oiseaux encore mal empennés, elles sautillaient.

C'était charmant.

Sur les places, dans les ruelles, dans les maisons, on ne marchait plus, on trottinait.

Et les bras se dandinaient nonchalants, le long des hanches; les têtes oscillaient gracieuses; les cous s'allongeaient, pleins de curiosité; une vibration générale semblait naître des ferments du sol, de la nature en rut. C'était le printemps!

Avril chantait à tue-tête, sur les grandes routes, par les sentiers, dans les bois et dans les champs. Les broussailles pleines de nids, les vieux murs pleins de frelons, les sources claires se parlaient, bourdonnaient, riaient aux éclats, le ciel, brouillé d'azur et de soleil, soufflait un air tiède, embaumé, qui ravivait tout.

Et voilà ce qui rendait les jeunes filles alertes, un peu folles ! Voilà ce qui les fleurissait de sourires tendres, de regards amoureux. Leurs figures, blondes ou brunes, se nimbaient d'une jeunesse idéale, effleurées de rougeurs subites, avec une vague inquiétude parfois dans les yeux, lorsque l'effervescence de la nature, les parfums des fleurs et des herbes faisaient trop forte la palpitation de leurs seins.

La patronne du pays avait voulu sa fête dans ce mois d'avril, le plus jeune des mois de l'année. Sodame lui en était reconnaissant.

Cependant M. Dizouard n'approuvait pas l'érection d'une chapelle sur la grotte d'une vierge inconnue du martyrologe romain, et, enfreignant une coutume pieuse, ne se rendit pas à la Baume avec ses porte-croix et ses chantres. Mais tout le village se souvint du pèlerinage des années précédentes. En procession, portant des cierges et des oriflammes, il alla à la grotte de la vierge.

L'église de M. Télamon, quoique inachevée, en imposait à la foule. On s'agenouilla, on pria à l'étroit de quatre murs blanchis à la chaux, et l'on repartit pour Sodame une heure après, le cœur plus libre, avec la satisfaction d'un devoir accompli.

Les jeunes filles, vêtues de blanc, précédaient, très édifiantes. Les garçons, eux-mêmes, ces dépravés que M. Dizouard confondait avec les démons, paraissaient recueillis, comme touchés momentanément par une grâce venue d'en haut. Bref! ils étaient convenables. A midi, le bal s'ouvrit au village.

Maintenant, aux bras des robustes gars, un sourire de volupté aux lèvres, offrant dans l'ensemble un gracieux faisceau d'attitudes, les jeunes filles tourbillonnaient. Elles dansèrent jusqu'à onze heures, éperduement, avec fureur, poussées par le seul instinct de s'étourdir, d'apaiser en elles les fièvres du renouveau.

Le lendemain, lundi, fut la répétition du dimanche, sauf le pèlerinage à la Baume. Mais les bals de cette journée eurent un rchaut de lasciveté.

Elles dansaient lasses, maintenant, les jeunes filles avec des abandons qui les ployaient, charmantes, aux bras des danseurs. Et cette fois, toutes, sans exception, éprouvaient une délectation autre que celle de sauter, de courir, leur plaisir naissait de cette emprise même des bras mâles autour de leur taille, de leur gorge, de leur cou, tandis que l'orchestre avait des motifs puissants d'excitation. Dix musiciens brodaient des pensées de luxure aux plus chastes, la lassitude de la veille prédisposait singulièrement à cet ébranlement du système nerveux. Les vieux eux-mêmes se sentaient un frisson de jeunesse sous la peau, et les femmes mariées qui venaient surveiller leurs filles, mordues de désirs, vibraient sur des sièges à regarder le tournoiement sans fin des valses et des polkas. Les plus jeunes ne pouvaient résister à ce vertige ; elles partaient à leur tour, aux bras de jeunes gens.

C'étaient les grands jours de la Lise. A l'église, au bal, elle s'affichait ébouriffante et capiteuse. On faisait cercle autour d'elle, on s'étouffait pour la voir. Au bal, les jeunes gens la disputaient aux étrangers, mais la Lise, infidèle, passait à tous les bras, torturant à plaisir ses amoureux. Au dire de quelques femmes mariées, elle débauchait les danses, semait du vice à son passage. A la vérité on sentait bon quand elle était là, le lubin, l'héliotrope, la violette parfumaient la salle : c'était une volupté de plus.

Mais les femmes mariées la détestaient sincèrement, jalouses des regards, des sourires, des flatteries qu'elle cueillait un peu partout. La Lise était un piège constant tendu à la fidélité de leurs maris.

Restait-il tard au café ? sortait-il de la

maison? Sa femme gardait un doute : la Lise! Car le bruit courait que la pécheresse avait une préférence pour les mariés, surtout les malheureux en ménage.

Aux bals de la Sainte-Victoire, on lui attribuait de fréquents scandales. Il n'était pas rare, en effet, de voir une jeune femme délaissée sur un banc, tandis que son époux pirouettait au bras de la Lise, cela se renouvelait des vingt et trente fois par soirée.

Mais alors un second mari, ému de l'esseulement de la jeune femme, venait s'offrir, très chevaleresque, à une valse, une polka, un quadrille, puis un troisième s'approchait de la femme du second, un quatrième de la veuve du troisième, un cinquième de l'abandonnée du quatrième, et ainsi de suite un nouveau bal s'organisait : le bal du mariage.

C'était une occasion pour les époux de lâcher leurs femmes et pour celles-ci de danser encore une fois avant la vieillesse.

Mais, il faut l'avouer, les conjoints se laissaient réciproquement glisser à la pente très douce des infidélités.

Cependant la Lise restait seule coupable des pensées adultériennes qui gagnaient la salle, elle avait mis le feu aux poudres, et maintenant la traînée enveloppait toutes les classes, une électricité perverse agitait bras et jambes, giclant en étincelles des yeux, en souffles des lèvres, soulevant les gorges, chatouillant les reins.

Un peu lasse, elle suivait, assise, cette fin de bal, avec son sourire de Lesbienne assouvie.

Déjà les jeunes gens criaient à l'envahissement des ménages. On étouffait dans la halle étroite qui servait de salle de bal, des groupes s'en allaient tourner dans les ruelles adjacentes, au boyau des Enclos, à la rue de Manosque, à la Calade; de là, vaguement ils suivaient l'orchestre.

Le troisième jour, le dernier de la fête, on dansait toute la nuit, la plupart des maisons restaient ouvertes, peu de personnes se couchaient.

La Lise, cette nuit, dévoyait, à elle seule, une vingtaine d'hommes mariés, c'était un chiffre! Au petit jour les honnêtes gens rentraient chez eux, les libertins, la Lise en tête, se rendaient chez les Bouffe, pour manger une soupe au fromage. Le vieux fumait sa pipe, impatient de les attendre.

— S'ils ne venaient pas maintenant?... pensait-il, la soupe me resterait pour compte.

Sa femme le rassurait.

— Puisque je te dis qu'on vient tous les ans, pourquoi veux-tu?

— Oui, il est quatre heures déjà.

Enfin la cohue arrivait.

Les Bouffe, qui ne tenaient pas auberge, gagnaient annuellement une pièce de vingt francs sur cette soupe au fromage. Avec ça, ils bouchaient un trou, payaient les remèdes que cette incurable maladie de la teigne leur nécessitait chaque printemps.

Le lendemain, les dévotes commentèrent la fête, dans tous ses détails. On parla de scandales publics; des femmes respectables avaient dansé, paraît-il, avec des jeunes gens, toute la nuit..... une horreur!

Certainement les Bouffe avaient dû voir des choses.....

— Enfin quoi! c'était une orgie chez eux, Mme Marel, disait la grande Mélie, on ne sait pas tout ce qui a pu se passer dans leur maison, il faudra que je sonde le vieux, quand il a bu il parle beaucoup.

— Écoutez, répondit gravement la marchande de calicot, ces fêtes de la Sainte-Victoire sont de vraies saturnales, les danses perdent tout. Ah! si j'avais une fille, c'est moi qui l'enfermerais, pendant ces trois jours de fête, pour qu'elle n'entendît même pas la musique de ce maudit bal!

— Cependant vous dansiez étant jeune fille, observa la grande Mélie?

— Sans doute, mais décemment, avec

lenteur, sans mauvaises pensées. A cette époque, il était permis de danser, il y avait une grande honnêteté de sentiment dans la jeunesse et, d'ailleurs, on ne dansait que le jour, jamais la nuit! jamais! jamais!

— Oh! moi, j'ai tout de même dansé la nuit; seulement, comme je ne trouvais aucun plaisir à la danse, c'était pour moi la même chose.

D'autres dévotes arrivaient donnant des détails sur l'orgie de la veille.

— On ne se gênait pas, allez! Chez les Bouffe, la Lise se culbutait avec tout le monde. Et la petite Meffre! et la grosse Fifine! et la Gavotte! Elles étaient, toutes trois, là-haut, derrière la Coupole, avec des polissons de leur âge.

— Non! c'est épouvantable, clamait la Bartallier.

Son indignation était partagée.

— Vous ne savez pas le plus gros, ajoutait la Cassandre. Il y a eu aussi des femmes mariées... pensez donc! La Camuse! la

Cressoline ! je les ai vues à la Brêche au bras du Mèje et du Fidèle, vers onze heures du soir.

— Alors, du coup, ça fait quatre adultères, observa la Jussionne.

Le Mèje et le Fidèle étaient mariés.

Dans ce groupe de cinq dévotes, il n'y en avait que deux qui n'eussent pas fauté en leur vie : Mme Marel et la Jussionne. Les trois autres : la grande Mélie, la Bartallier, la Cassandre, portaient des tares.

La grande Mélie recevait encore son vieil amant Thésée, un marchand de bois du faubourg, ayant eu, dans sa prime-jeunesse, une dizaine d'amoureux.

La Bartallier témoignait de son dévergondage passé par un fils de vingt ans, doux comme un agneau. Bartallier était son nom de Lesbos ; elle s'appelait en religion Mlle Vaugin.

Quant à la Cassandre, on ne comptait plus ses infidélités. Mariée à seize ans, elle enterrait, à vingt, son homme ; depuis lors, toute une génération poussait autour d'elle, portant le nom du pauvre mort.

M. Dizouard tonna, le dimanche suivant, contre la danse :

« — Mes frères ! commença-t-il, il est un vice générateur des dix péchés de luxure : la danse ! »

La Lise, qui assistait au prone, étrangla d'un éclat de rire.

— La danse vous a tous rendus sacrilèges ! cria M. Dizouard. J'entends d'ici vos rires étouffés ; je vois vos visages rayonnant d'une joie perverse ; vous apportez au lieu trois fois saint la dissipation voluptueuse de vos bals.

Vous êtes tous adultères ! Quels sont les jeunes gens qui n'ont pas eu des pensées de chair en dansant avec des femmes mariées ! Parlons ensuite des époux, parlons des épouses qui, réciproquement, ont convoité des étreintes coupables aux bras de personnes étrangères.

Je ne m'étendrai pas sur les autres péchés

de luxure dont vous vous êtes souillés pendant ces fêtes ; vos âmes sont assez perverses pour me comprendre.

Descendez au fond de votre conscience; repassez les pensées de débauche qui vous ont obsédés, et vous rendrez justice au prêtre. Le plus grand nombre, dira-t-on, n'a péché que par l'esprit. Leur faute, aux yeux de Dieu, est la même : l'esprit de luxure aura son châtiment comme l'acte de chair.

La Lise pouffait de rire dans un coin.

Les Bouffe s'étouffaient.

« — Une lèpre, continua M. Dizouard, est attachée à vos cœurs, mes frères; je désespérerai de la guérir tant que les danses, ces jeux du paganisme, subsisteront dans votre village.

« Je vous souhaite aujourd'hui la grâce de méditer efficacement sur ce dernier point. Ainsi soit-il ! »

Les paysans ne comprirent rien à ce sermon, les villageois non plus.

Au sortir de la messe, jeunes filles et

jeunes gens décidèrent qu'on danserait à la halle publique. Et on dansa éperdument avec cette vague satisfaction de commettre dix péchés à la fois.

Le soir, à onze heures, on renouvela une soupe au fromage chez les Bouffe.

La Lise, décolletée, présidait le banquet.

X

L'ESPIONNAGE

Tandis qu'à l'église, M. Dizouard tonnait contre la danse, Léonie Dorpierre entrait en campagne. Elle qui ne visitait personne, hormis quelques gros clients de sa pharmacie, frappa à toutes les portes.

On la reçut froidement.

Depuis que l'on avait une pharmacie au village, on ne s'alitait plus sans dépenser des sommes folles, les maladies coûtaient le double, et encore le médecin n'était-il pas toujours mandé. On courait aux remèdes.

Beaucoup de pauvres gens s'endettaient

envers Léonie, aussi la voyant entrer chez eux ne purent-ils dissimuler une profonde gêne. Ceux-là, elle les mit à l'aise tout de suite :

— Je ne viens pas pour ce que vous savez, nous règlerons notre compte plus tard, rien ne presse, ne vous privez pas de remèdes, surtout quand vous serez malades.

Elle commentait alors le dernier sermon de M. Dizouard sur les jeunes filles qui vont au bal.

Les mères de famille préféraient entendre un second prône sur la danse qu'une réclamation d'argent, et se rangeaient ainsi à l'avis du nouveau pasteur.

Certainement, le bal était à défendre aux jeunes filles ; désormais elles y veilleraient.

— Que voulez-vous, mademoiselle ? nous ne savions pas qu'elles faisaient mal ; personne, jusqu'à ce jour, ne nous avait éclairées sur ce vice. M. Télamon n'en parlait jamais en chaire. Soyez sûre que ma fille ne dansera plus.

Léonie s'en allait, enchantée de ses nouveaux adeptes de l'œuvre de salut.

Mais ceux qui ne devaient rien à la pharmacie attaquèrent violemment, devant elle, le sermon de l'abbé Dizouard.

— Il n'a respecté personne, ni hommes, ni femmes mariées, ni jeunes filles, il a dit de tous mille horreurs. Cette âme-là doit être bien noire pour supposer ainsi le mal.

Léonie sortait brusquement avec la rage mal contenue d'une personne insultée. De plus en plus, ce prêtre devenait sa chose, sa pensée et sa chair. Elle l'aimait passionnément jusqu'au sacrifice de sa vie. Mais il lui avait défendu de prendre trop ouvertement sa défense.

« — Il ne faut pas, lui disait-il un soir au
« confessionnal, que le village connaisse
« notre amitié, il doit l'ignorer, nous croire
« étrangers l'un à l'autre. De cette condi-
« tion dépendra le succès de nos forces. »

Cependant Mme Marel, la Bartallier, la Cassandre prêchaient aussi contre la danse, approuvant, du premier au dernier mot, le sermon de l'abbé Dizouard.

Elles semoncèrent un jour, devant l'église, une demi-douzaine de jeunes filles qui dansaient entre elles.

Par malheur le père de l'une passait.

— Eh bien ! qu'est-ce que ça peut vous faire, la Bartallier ! que ma fille danse ? Ça vous doit-il quelque chose ? Passez donc votre chemin, vieille saleté !

La Bartallier ne put parler, au milieu des éclats de rire des jeunes filles.

La Cassandre et Mme Marel s'étaient esquivées prudemment.

Mais le village n'échappait pas à l'espionnage d'une vingtaine de dévotes, qui, pareilles à des souris, se faufilaient partout. Les vieilles bornes, les carrefours, les enclos étaient leurs postes d'observation les plus fréquents ; elles surveillaient, de là, tous les va-et-vient du village. Parfois, même, pénétrant par des étables ouvertes, des hangars vides, elles montaient dans les maisons sur un prétexte quelconque, dans l'espoir de dénicher des amoureux. A la vérité, le printemps éloignait ceux-ci du village. Ce n'était plus sur le pas des portes qu'ils s'adressaient des sourires, ni dans les ruelles noires qu'ils échangeaient des baisers furtifs et des poignées de main, mais sur les routes larges de la plaine, au bon soleil, sur les sentiers verts des coteaux, dans les bois.

Les grosses fleurs s'ouvraient pleines de rosée jusqu'au bord, les herbes, les lianes folles épaississaient les broussailles, duvetaient les murs, et le blé poussait de la terre.

Le soir, derrière les buissons, sous les grands arbres, on commençait à rencontrer des couples. Le quartier des vieilles vignes était particulièrement couru. Sous prétexte de ramasser de l'herbe, les jeunes villageoises attendaient là leurs amants. Il y avait toujours une dizaine de rendez-vous, en sorte que l'espionnage des dévotes fut infructueux, celles-ci s'obstinant à demeurer au village.

— Après tout, pensaient-elles, c'est déjà une corvée suffisante que de surveiller les rues et les carrefours.

En leur âme et conscience elles faisaient leur devoir.

Léonie seule, stimulée par la voix du prêtre, lui murmurant sans cesse au confessionnal de veiller sur la jeunesse, poussait ses investigations jusqu'à la plaine. Elle entraînait tous les soirs Pauline à sa promenade, mais elle ne put surprendre aucun amoureux. Les buissons restaient muets et vides, les sentiers déserts, malgré que toutes les jeunes filles fussent à l'herbe.

Léonie Dorpierre rentrait découragée, le vice ne se démasquait pas, l'œuvre de salut restait impuissante.

C'est alors qu'en désespoir de cause, Jean fut mis en campagne, Jean le domestique des Dorpierre, le semeur infatigable des lopins de terre.

Il devait connaître tous les coins et recoins de cette plaine qui recélait de la débauche.

Ce fut à l'insu de son père que Léonie donna mission à Jean d'espionner la campagne. Celui-ci, depuis trois mois, ne faisait plus rien aux champs, il avait semé l'automne et une partie de l'hiver, dès lors attendait les moissons.

Dorpierre, trop préoccupé de ses ventes de blé, de ses expropriations, de ses placements d'argent, ne pouvait le surveiller. D'ailleurs, Jean ne lui coûtait que sa nourriture et deux charges de froment. Il n'en demandait pas davantage. Manger à sa faim, coucher dans une étable, avoir une loque sur le corps suffisait à son bonheur. Son entêtement à toujours semer plus de blé que ses bras n'en pouvaient couper à la récolte, témoignait de sa bêtise.

Les passions ne l'avaient jamais éprouvé, il comprit cependant ce qu'on exigeait de lui. La chasse aux amoureux ne lui répugnait pas. Plaisanté par toutes les jeunes filles, il les haïssait, il eût voulu se battre avec elles, comme avec les gars de son âge, il restait brute sans un désir de chair, se suffisant à lui-même.

Dès le premier jour de son entrée en campagne, il trouva un nid.

A l'entre-deux d'un clapier et d'une broussaille, sur la route de Barson, la Meffre et le Rigné s'en donnaient à cœur joie.

Jean les approcha, rampant sur le ventre, sans curiosité, par simple devoir, et il regarda à travers la broussaille.

Ce fut toute une révélation ! il n'avait jamais rien vu de pareil.

— Vè, se dit-il tout bas, ils sont à moitié nus ! comme ils s'embrassent !

Les jambes de la Meffre l'intéressèrent particulièrement. Il ne les aurait point crues aussi grosses, et il resta, en extase, à plat ventre sur le sol, le corps enflammé.

La vue de la chair avait dépucelé ce

chaste, il ne bougeait plus, dévorant des yeux une scène lubrique.

Le Rigné quelques minutes après s'en alla, la Meffre restait lasse, les jambes nues, écartées, inconsciente de son impudeur.

Alors Jean se dressa de la broussaille, en une enjambée il fut sur elle. Une angoisse voluptueuse l'empêchait de parler, mais ses bras s'enroulaient à la taille de la jeune fille qui se débattait, le mordait à pleines dents, lui crachait dessus. A la fin ne pouvant lutter de force, elle eut recours à la ruse, le sachant niais.

— Attends ! attends ! je suis mal placée, j'ai une épine dans le dos, lui cria-t-elle.

— Tu vas m'apprendre ce que tu faisais avec le Rigné, ânonna Jean.

La Meffre fut rassurée.

— Oui ! oui ! je vais t'apprendre. Ah ! comment tu ne sais pas encore, toi ? As-tu la plante ? dit-elle à tout hasard.

— Comment, la plante ? il faut une plante ?

— Bou Diòou ! (Elle éclata de rire). Bien

sûr! qu'il faut une plante. Tu n'as donc pas vu le Rigné?

— Non!

— Eh bien! moi je vais te dire le nom de cette plante, tu iras la chercher, je t'attendrai ici : c'est le *pèbre d'azè*, tu m'entends bien? le *pèbre d'azè!* sans quoi pas moyen. Allons, cours vite à la Ferraille, dépêche-toi, il n'y en a que là.

Jean partit, sans bien comprendre l'utilité de cette plante. Il courut à toutes jambes vers la Ferraille, un mamelon couvert de pèbre d'azé, autrement appelé serpolet des champs. Pendant ce temps, la Meffre déguerpissait du clapier, en pouffant de rire.

Ce fut la première chasse de l'imbécile. Il ne trouva plus la Meffre à son retour, mais il la crut sur parole, et garda dorénavant, sur lui, une poignée de pèbre d'azé, cela le parfumait. Sans doute devait-il sentir bon pour plaire aux jeunes filles.

Il ne raconta point sa mésaventure à

Léonie Dorpierre. Le lendemain, ce fut dans les vignes de la Polène qu'il surprit la Fine avec deux jeunes gens.

— Comment! ils étaient trois?

Cela le déroutait d'autant que cette fois il n'y avait aucune apparence de nu. A tour de rôle, les jeunes gens cueillaient des baisers sur les joues grasses de la Fine. Elle, très douce, ne se défendait pas.

Jean s'éloigna avec tristesse, il ne connaissait encore rien des mystères de l'amour, et il souffrait vaguement de sa solitude. Des désirs d'étreindre, lui aussi, l'agitaient dans sa lourde charpente.

Un arbre était tout près, il l'enlaça de ses bras, collant ses lèvres à l'écorce, puis continua sa route, morne et défaillant. Quelque chose manquait maintenant à son bonheur, et il ne haïssait plus les filles, il les désirait dans l'ignorance encore des voluptés qu'elles donnaient.

Maintenant aussi il lui répugnait de les espionner, une muette adoration naissait en lui pour elles, il se taisait à l'heure où il devait les trahir à Léonie.

— Tu ne vois donc jamais rien? tu n'as donc pas d'yeux, imbécile? lui demandait-elle, irritée de son mutisme.

Jean la fixait avec hébétude, sans un mot.

Parfois il avouait avoir vu de la jeunesse, il avait couru dans la direction, mais personne n'était plus là.

— Je fais ce que je peux, ajoutait-il.

Cependant la Monique, plus heureuse, avait levé, en gardant ses chèvres, deux jeunes tourtereaux, dans les oseraies de la Palun. C'étaient Mius, le fils du buraliste, et Ninette Pascal, une ouvrière de la Bartallier. L'acte s'était passé à la nuit tombante, à deux kilomètres du village. M. Dizouard dès lors eut une matière à sermon.

Il parla de la faute grave des parents à envoyer leurs jeunes filles ramasser de l'herbe.

— Les champs, dit-il, offrent mille lieux de rendez-vous, la surveillance y est impossible. Déjà, dans vos maisons, vous l'exercez mal, cette surveillance, mères de famille coupables! Comment veillerez-vous sur vos enfants, hors du village? Et, revenant sur la danse, son perpétuel cauchemar :

— Voilà, s'écria-t-il, les poings sur la foule — voilà les fruits du bal. Une jeune fille a été un sujet de scandale ces jours-ci, je ne la nommerai pas; une autre péchera demain, et ainsi de suite, vous pécherez toutes, jeunes vierges, car le démon de la danse vous a corrompues jusqu'à la moelle des os.

Un mouvement d'indignation leva les têtes vers le prêtre. Hypocrite, l'abbé Dizouard s'adoucit :

— La grâce de Dieu est ineffable, incommensurable, continua-t-il. Revenez à lui, repentez-vous, n'imitez pas le peuple de Sodome, purifiez vos cœurs des pensées de luxure que les fêtes y ont semées, c'est la grâce que je vous souhaite.

Léonie Dorpierre jalousa la Monique, elle

aurait voulu donner elle-même cette nouvelle d'un flagrant délit. Aussi Jean était bien inepte de ne jamais rien découvrir. Lui, mieux que personne, eût pu la renseigner sur ce qui se passait aux champs. Et il ne voyait rien, n'entendait rien, restait sourd et aveugle sur les errements de la jeunesse. Elle commençait à le détester.

XI

LE SACRILÈGE

De jour en jour le prêtre prenait une place plus grande, plus inquiétante dans le cœur de Léonie. Elle s'avouait maintenant à elle-même son amour de l'ensoutané, elle le désirait dans ses songeries de la nuit, dans ses heures vides du jour; il la hantait partout.

L'étreindre dans ses bras, le posséder une heure, esprit et chair, était son rêve. Une occasion lui échappait toujours. Irait-elle chez lui? le suivrait-elle à la nuit tombante dans l'église noire et mystérieuse? Son érotisme le désirait jusque-là, sur les degrés d'un autel, à la lueur mourante d'une lampe de sanctuaire. Le démon du stupre la possédait, vêtu du froc.

Elle avait vingt-cinq ans, âge fatal où les passions, trop longtemps bridées, rompent leurs digues, où l'irritabilité des nerfs soumet le corps au joug des sens.

Son péché, à elle, plus qu'à toute autre, était imminent, irrémédiable, naissant de cette religiosité même qui ouvre en bien des cas la porte de salut — grandissant, plein de vie à l'ombre qui devait l'étioler et le détruire : le confessionnal. C'était là que Léonie venait chercher un aliment à ses pensées de luxure, une rosée avivante à son sacrilège.

Elle y entrait, les seins durs, une flamme lustrée dans les yeux, un sourire pervers sur les lèvres. Une volupté lente l'agitait devant l'homme, oublieuse du prêtre qui seul devait exister.

Et Dizouard n'était pas moins troublé

qu'elle, il la suivait dans cet abîme des cogitations qui polluent, muet, face à face, écoutant sa respiration, buvant à son extase. De l'ombre et du silence envahissaient l'église.

Mais ce moment de volupté mystique, renouvelé tous les jours, après une conversation d'une heure, déjà ne leur suffisait plus. Ils éprouvaient le besoin de marcher ensemble dans l'église, d'aller d'une chapelle à l'autre, de se frôler de leurs robes, de se heurter simultanément à des objets communs. A ce contact ils frissonnaient, devinant de la chair sous l'étoffe. Autour d'eux, l'église restait toujours noire et déserte; personne ne les voyait, ils étaient seuls!

Un soir, Léonie égara sa main dans celle du prêtre; une pression légère les jeta tous les deux dans une grande joie, tout intérieure, ne transparaissant du cœur que par les yeux. Ce fut comme un premier aveu de leur mutuel amour.

Et une autre fois, comme ils étaient agenouillés au même banc, leurs cheveux se frôlèrent, et cette vague caresse les éveilla à des pensées délicieusement coupables. De nouveau, dans l'obscurité enveloppante, ils recherchèrent cette sensation éprouvée, mais alors face à face, éblouis de leurs regards, leurs lèvres s'unirent, brusquement ils s'enlacèrent.

Aucun bruit de pas ne leur arrivait, ils étaient seuls dans l'ombre silencieuse, la respiration étouffée au baiser cruellement exquis de leurs lèvres, et ils roulèrent enfin, pâmés aux bras l'un de l'autre, sur les dalles froides de l'église.

Elle monta lasse, chez elle, un vague remords de s'être livrée effleurant sa conscience, ce « tant pis » banal d'une chose faite, auparavant prévue, dans toutes ses conséquences. Son amour sans bornes du prêtre ne lui laissait pas pleurer, même d'une larme, sa virginité rompue.

Au contraire, ce double sacrilège qu'il

ensevelissait en lui, la multitude de péchés mortels qui naîtraient de sa faute non avouée, non expiée, jetèrent M. Dizouard dans l'épouvante.

Une chaîne infrangible le rivait au mal, malgré lui. Il devrait dire sa messe demain, confesser dans le jour, peut-être administrer, triple sacrilège qu'il ne pouvait éviter que par un aveu immédiat de sa faute. Mais comment oser porter un si lourd fardeau à un confrère? un crime abominable dont la juridiction relevait de la cour de Rome. Non, il n'y songeait pas. Demain, il dirait la messe, avec son péché... Demain, impur et sacrilège, il absoudrait au confessionnal... Demain... demain... et il s'arrêtait la sueur au front, les yeux troubles, devant le gouffre noir que cette journée creusait en son âme, vraie journée de Sodome, la dernière avant le feu du ciel.

Il restait croyant dans son iniquité. Mais son émotion ne venait pas du remords même de la faute commise, il n'en déplorait que les suites morales, comme on oublie, dans toutes les chutes, la pierre qui fait choir, pour ne penser qu'à la douleur résultante de l'heurt. L'effet plutôt que la cause.

Par satisfaction personnelle, il eût voulu rester chaste, tuer la « bête » à son assaut final, le dernier après lequel la raison prend un empire absolu sur les sens. Il sombra dans cette seconde jeunesse de la quarantaine, la plus terrible pour la chair.

Quarante ans de chasteté sont un poids pour le corps, un envoûtement qui peut le ployer jusqu'à la boue.

M. Dizouard restait pensif dans la sacristie, moins sombre que l'église, éclairée par une fenêtre. Il en ouvrit les volets, une bouffée d'air entra au même instant, la pièce devint plus claire.

Accoudé à l'entablement de la croisée, le prêtre regardait. Devant lui, au premier plan, une natte verte obliquait, tournant le bâtiment nord de l'église. Des pierres tombales, des croix, des cippes, des chapelles se dressaient grisâtres, assombrissant la verdure par endroits. Des arbres, des broussailles, des haies de rosiers sauvages poussaient du sol, et, çà et là, de grosses fleurs blanches, rose pâle, des liserons, des digitales grimpaient aux murs, traînaient dans l'herbe haute. Une végétation puissante sortait du terreau. C'était le vieux cimetière ! Plus loin et plus bas que le champ des morts, les maisons noires du faubourg émergeaient sur deux lignes, un sillon courait au milieu : le boyau des Enclos. Et suivant toujours la déclivité du second plan, par des méplats insensibles, le rayon visuel atteignait un troisième plan, plus vaste celui-là, plus intense de lumière : la plaine de Sodame, toute rayée de routes blanches et peinte comme une étoffe avec la terre de Sienne des labours, les cobalt, les outremer des prairies, le vert Véronèse des jeunes blés, teinte dominante de son étendue. On eût dit une palette de paysage, préparée pour une facture large, dépassant les bornes des horizons connus, sous un ciel à la Fiésole, insondable en sa profondeur. Les reflets du couchant éclairaient le décor.

Il respirait devant ce fragment de peinture colossale, entrevu de la sacristie. Lentement les ombres noires de l'église s'envolaient de son souvenir, il restait inconscient et las, comme au réveil d'un mauvais rêve. Mais le paysage s'effaça sous le crépuscule, le ciel s'éteignit, la nuit vint, et avec elle l'obsession de l'ombre, la terreur d'un fantôme. Dizouard frissonnait à la seule pensée de repasser par l'église.

La sacristie avait une porte donnant sur le cimetière, il en chercha la clé.

— Demain, pensait-il, j'entrerai à l'église, je serai mieux demain.

Mais la clé manquait, de cette porte fermée à double tour.

Alors, la terreur de l'ombre sainte envahit le prêtre. Forcément il devrait sortir par l'église, où le maître-autel, blanc comme un sépulcre, l'épouvantait. Il s'attendait à le voir marcher contre lui, de son pas de colosse, portant dans ses flancs un Dieu vengeur, le Dieu des armées. Cependant, il se décida à prendre ce chemin, ne pouvant coucher dans la sacristie. Comme un catafalque, l'autel de marbre se dressait à gauche, il s'arrêta terrassé de peur; mais aussitôt une pensée lui vint de courir à toutes jambes, et il partit, moitié fou, bousculant des chaises sur son parcours. L'air frais du boyau des Enclos le frappa au visage. Enfin! il était hors de la terrible emprise des ténèbres.

Toute la nuit il fut en proie à des cauchemars. Il revenait sans cesse à cette église noire, théâtre de son sacrilège. Mais le réveil fut encore plus affreux, on sonnait la messe, cette messe qu'il allait dire, l'âme polluée. La cloche l'appelait : oh! ce tintement, sinistre comme un glas! Il devait se lever, on l'attendait déjà, et sans doute des gens étaient à genoux sur ces dalles mêmes qu'ils avaient maculées la veille, lui et Léonie ! Il s'habilla, glacé d'un frisson.

« Introïbo ad altare Dei qui lœtificat juventutem meam » commença-t-il, arrivé à l'autel, d'une voix tremblante.

Ses idées se brouillaient, il mâchait des vocables liturgiques, l'esprit pénétré d'un nouveau sacrilège. Et celui-là, plus long que le premier, ne cachait aucune fleur. C'était un véritable sacrifice, un calvaire à longs degrés, une passion de Christ qui se renouvelait en lui à laquelle aucune force ne pouvait le soustraire. La croix de son vice se soudait à ses épaules, il devait la porter jusqu'au bout, y laisser, lambeau à lambeau, toute son âme. Car il croyait à l'acte de la messe. S'il n'avait jamais eu la charité, il possédait la foi biblique, la foi aveugle qui déplace les montagnes.

Des dévotes vinrent assister à son sacrilège, elles réclamèrent de ses mains impures le corps d'un dieu. Et il descendit, chance-

9.

lant, les degrés de l'autel, le ciboire en main, balbutiant le « corpus sanctus » comme il avait balbutié les paroles sacramentelles de la consécration.

A cinq heures, Léonie vint au confessionnal pleurer sa faute.

Cette faiblesse de la femme rendit le prêtre fort. Il s'éleva momentanément au-dessus de son vice, le rênant dans sa chair comme un fauve. Ce soir-là la femme fut impuissante sur lui ; il la congédia avec des exhortations à la pénitence. Il ne la désirait plus, cette grande jeune fille maigre, cette androgyne de stupre, qui l'avait enlacé la veille, sur des dalles froides ; même, il l'eût voulue bien loin du village dans un de ces pays sauvages d'où l'on ne revient pas. Une grande lâcheté l'envahissait, il rêvait de reconquérir sa liberté, son calme des jours d'autrefois. Un profond égoïsme triomphait en lui d'un amour de passage, l'aguerrissant même contre sa terreur de la Divinité. Insensiblement, après quelques jours, il oublia sa faute, se fit une raison : cette vulgarité des cœurs lâches.

« Ce n'est pas moi qui ai pêché le pre-
« mier, elle m'a poussé à l'acte, attiré dans
« un guet-apens. »

Il s'innocentait, se disait victime d'une abominable séduction. Sa faute, à bien la considérer, n'avait pas la gravité qu'il pensait d'abord. Après tout, le prêtre était un homme comme les autres; même, on devait lui pardonner d'autant plus qu'il s'exposait davantage.

Cependant il voulut mettre sa conscience en règle, et fut se confesser au curé de Carmagnol, M. Lipert.

Toujours affairé par des travaux de statistique sur l'agriculture, par des brochures politiques qui ne paraissaient jamais, s'occupant en outre de droit canon, de liturgie, d'archéologie surtout, l'abbé Lipert ne venait que par hasard à son église. Il fallait lui écrire pour pouvoir le trouver au confessionnal. M. Dizouard eut la chance de le saisir après sa messe justement à ses deux minutes d'action de grâce.

L'abbé Lipert se montra très large avec lui, le traita en confrère.

— Eh! vous n'êtes pas le seul à qui cela soit arrivé! j'en connais d'autres, mon cher ami, croyez-moi, votre faute est moins grave qu'une action sodomique. La femme est un dérivatif naturel. Toutefois vous avez mal choisi le lieu; il faut respecter la maison de Dieu, j'attire votre repentir sur ce point. Allons! récitez vite un acte de contrition et je vous absous... Là, c'est fait! maintenant je me sauve, j'ai une excursion ce matin.

Il se leva, laissant son pénitent agenouillé.

XII

DE PLURIBUS

L'abbé Dízouard revint à Sodame, libre et fort, tel qu'il se voulait.

Au confessionnal, maintenant, Léonie l'approchait, frissonnante; il lui faisait peur, elle ne le reconnaissait plus.

La voix était changée, presque dure, son geste trop large, plein d'une menace; d'un mot, il la ramenait à l'objet de sa confession, lorsqu'elle s'attardait à soupirer, à sangloter devant lui, insensible, égoïste à l'excès.

Le dimanche il tonnait contre les vices, la danse surtout, avec un emportement qu'on ne lui connaissait pas encore, apostrophant, de la chaire, les gens qui souriaient ou parlaient bas entre eux.

Les Bouffe, la Lise étaient sur un qui-vive constant. Par deux fois, durant le prône de la saint Pierre, le vieux avait voulu glisser un mot à sa femme; par deux fois, M. Dizouard l'avait ramené à l'ordre, le priant de sortir s'il ne devait se taire. Alors la Lise s'était mise à éternuer si bruyamment qu'on n'entendait plus le sermon. Il se fâcha tout rouge :

— Mademoiselle Élisa! cessez ce jeu, s'il vous plaît, l'église n'est point un lieu de scandale.

Il revint sur le péché de la danse, sur l'impudeur des jeunes filles, sur l'adultère des femmes mariées, sur cette fornication générale des salles de bal.

Parfois il appuyait son dire d'un fait. A tel endroit la foudre était tombée sur une ronde, à tel autre une poutre de hangar avait tué les danseurs...

Personne, à part les dévotes et Léonie, ne l'écoutait plus. Il arriva même que les hommes partirent au sermon, pour rentrer au *Sanctus*. La voix du prêtre, de plus en plus nasillarde, irritait les nerfs.

Quant à l'insulte, elle devenait trop brutale pour qu'on ne murmurât pas, en pleine église; on préférait sortir; il devenait odieux à la population.

Maintenant il n'y avait pas de dimanche qu'il n'apostrophât quelqu'un. La Lise et les Bouffe y étaient habitués.

Généralement assis au même banc, le vieux au milieu des femmes, ils causaient en famille. Un banc coûtait deux écus.

Les pauvres gens, sous M. Télamon, ne le payaient pas, et la plus grande latitude était laissée aux bourgeois. M. Dizouard sordide menaça d'afficher les noms de ceux qui ne solderaient, en fin juin, l'arriéré des années précédentes; en outre, le banc du titulaire serait remis à la disposition de la fabrique.

Il y eut dix expulsions; ce fut un scandale.

Malgré la haine croissante des villageois et des paysans, des affections sincères restaient au prêtre. De muettes adorations énamouraient les regards; des passions ardentes faisaient battre les seins pour lui.

Léonie l'aimait en fauve, Mme Marel en ange de vitrail; Mlle Chaïsse avait une affection qui tenait des deux amours : un désir psychique et sensuel. Pauline Dorpierre le trouvait un peu empâté; néanmoins ce devait être un beau mâle et, dans son rêve, elle le dévêtait du froc sans être troublée le moins du monde de sa chair, par amour de la plastique. Et d'autres femmes, d'autres jeunes filles de la congrégation avaient pour lui des sentiments divers où dominait cependant l'esprit de luxure. Mais c'était là une poignée de cœurs, un nombre infime dans la population du village et des campagnes, toute hostile à l'homme noir.

Les belles paysannes qui venaient à Sodame, le dimanche, lui trouvaient une figure de porc; ses oreilles larges prêtaient à la ressemblance. Elles pouffaient de rire, parlant encore de son allure de taureau. Les villageoises le disaient sale, en dessous; la Lise en avait répandu le bruit; on la croyait sur parole.

Cependant M. Dizouard gagnait l'amitié de quelques hommes influents du village.

Le sacristain Pontoux venait de se prononcer ouvertement pour lui dans un démêlé récent entre la cure et la fabrique, au sujet d'un achat d'ornements sacerdotaux.

Jusque-là Pontoux, en hypocrite raffiné qui sonde le terrain, avait eu deux voix : l'une faisant chorus avec le village, l'autre avec le curé. A l'église, passant pour la quête, après un sermon virulent du prêtre, il échangeait, à droite et à gauche, des regards d'intelligence. Aux enterrements, aux processions, marchant à ses côtés, il le livrait au public, par un sourire à la dérobée, un mouvement de tête furtif.

Mais à la sacristie, au presbytère, il restait le dénonciateur du village, le cafard qui trahit les faits et gestes de chacun.

Thésée, le vieil amant de la grande Mélie, fut acheté à la cure par un présent de dix bouteilles de vins fins. Cette générosité de M. Dizouard le toucha profondément; il en parla dans les cafés, dans les rues, et plusieurs de ses amis se réconcilièrent, pour ce fait, avec l'Église.

M. Dizouard eut dès lors, tant chez les hommes que chez les femmes, un noyau d'affections solides.

Il donna des dîners à ses amis, d'une nourriture abondante, arrosée d'un vin très vieux; les adeptes s'accrurent, tous alléchés d'ailleurs par des repas où l'on se soûlait convenablement, ce qui changeait de l'auberge.

Thésée, Pontoux, Vaugin, Mathieu, Dorpierre défendirent cependant la table du curé de l'envahissement de la foule.

Ils le supplièrent de ne recevoir chez lui que quelques vrais amis (eux par exemple).

— Les autres, avouaient-ils, ne viennent chez vous que pour boire et manger ; après, ils en rigolent. D'ailleurs un tel et un tel n'ont aucune religion ; leurs filles dansent le dimanche.

Cela disait tout. M. Dizouard suivit leurs sages conseils.

Eux seuls furent reçus. Dans ces réunions, Dorpierre méditait profondément sur la conquête du pouvoir, mangeant peu, ne buvant que de l'eau, dédaigneux de ces repas gloutons qui faisaient reluire les visages.

On était en juillet. Les blés avaient ces teintes fauves de la maturité ; la chaleur accablait. A midi, personne dans les rues du village, personne sur les routes ; de la solitude et du repos partout.

Mais les blés d'or, les seigles blonds révélaient de la vie sous leur calme apparent.

Les amoureux ensevelissaient là leurs tendresses sous les picotements de la canicule, donnant une volupté de plus aux étreintes folles. Midi et l'Amour les brûlaient de deux flammes : c'était bien la saison.

Dans sa chair éveillée, depuis l'avril, Jean n'avait plus qu'un désir : aimer et être aimé d'une fille, s'enterrer avec elle dans une fosse d'épis, car c'était là maintenant qu'il surprenait les nids d'amour.

Il les approchait (non plus avec l'indifférence d'une corvée) le cœur en émoi, une rougeur pubère au visage et si lentement, à pas si craintifs, qu'on ne l'entendait point venir ; puis se vautrait, près d'eux, regardant à travers les tiges, s'initiant, tout seul, aux mystères de l'amour.

Cette pauvre brute humaine avait passé des mois entiers sans comprendre. Avril, mai, juin s'écoulèrent pour lui sans révélations; mais, dès les premiers jours de juillet, la moisson lui livra les secrets de sa couche.

La canicule dévêtait les vierges et leurs éphèbes, il avait constamment sous les yeux une admirable débauche de nu, et il comprenait, il ne croyait plus à des histoires de plante, la nature avait enfin pitié de lui.

La Lise, a cette époque, ne recevait plus chez elle. On était mieux au grand air, au bon midi; les pâmoisons y étaient exquises, le corps au soleil, la tête à l'ombre d'un arbre.

Jean la trouva seule un jour, endormie dans un champ. Un violent désir le secoua de la tête aux pieds, mais comme il prenait vers elle son élan de fauve en rut, résolu d'en finir, voulant faire acte de mâle à son tour, un coup de feu partit d'une broussaille, à trois pas, et au même instant une voix lui criait :

— Si tu la touches, je tire le second.

Il resta muet, bouche béante, promenant un regard atone autour de lui. Il ne voyait personne ; la voix et le coup de feu semblaient être sortis de terre. Brusquement, quelque chose se détraqua dans sa pauvre tête, et il partit à toutes jambes, gueulant par la plaine qu'on venait de le tuer.

On dut l'enfermer trois jours chez les Dorpierre, il délirait.

Après cette crise, le peu d'intelligence que la nature lui avait donné disparut totalement, il ne conserva que des instincts vagues de manger, de boire et de dormir. Dès lors il reprit sa vie de brute, ne pensant plus aux filles, suant sur les terres de l'usurier, par habitude, parce que cela l'amusait, et ce fut tout. Il fit cependant un ami, un malheureux chien l'accompagna partout, mangeant son pain, couchant avec lui dans une étable.

Les amoureux ne s'aperçurent point qu'il ne les espionnait plus, jamais ils ne l'avaient surpris derrière eux, et Léonie ne trouva rien de changé au mutisme habituel du paysan.

Cependant, il passait encore des souvenirs dans la tête de l'idiot. Un talus, une broussaille, un affaissement des blés, lui parlaient vaguement d'une chose vue. « Ils étaient deux à cet endroit, ils étaient nus » ! Hi ! hi ! hi !

D'autres fois il en pleurait. Mais l'émotion ou l'hilarité que provoquaient en lui ces souvenirs durait peu; il continuait sa route, hébété et inconscient, son chien maigre à sa suite.

Tous les soirs, à quatre heures, les habitués de la cure attendaient leur pasteur devant l'église. Une petite place plantée d'ormes s'étendait là, limitée par deux ruelles à pic : le boyau des Enclos à droite, la Brouste à gauche; au nord, le bâtiment de face de l'église. C'était à cette époque l'un des coins les plus animés de Sodamé.

L'école, aujourd'hui descendue au faubourg, ouvrait ses fenêtres au-dessus.

Quatre fois dans le jour les enfants venaient y jouer. Le soir, les quelques bourgeois du village s'y donnaient des rendez-vous. A midi, les vieux trouvaient là des bornes chaudes, de vrais cagnards où chauffer leurs rhumatismes.

Au sud, la place de l'Église domine le faubourg et la plaine; et le boyau des Enclos qui descend, à l'est du village, la tourne encore de ce côté, se prolongeant, noir et sale, vers les maisons de la bourgade.

Elle reste la frontière de deux peuples distincts, se jalousant mutuellement : les villageois et les faubouriens.

A l'époque, ceux-ci se suffisaient à la rigueur, ayant chez eux un boulanger, un boucher, un maréchal, un charron, un aubergiste, par là le nécessaire. Mais le superflu, le luxe, se vendait au village, ils devaient alors escalader la côte, ce maudit boyau des Enclos qui essoufflait les plus robustes poitrines — et cela pour un paquet de tabac, une boîte de sardines, un bout de ruban, une pelote de coton. Puis, comme ils habitaient le faubourg, on leur surfaisait la marchandise, le village abusait de ses privilèges.

Dans les élections, leur jalousie se manifestait par un vote opposé à celui des villageois; ils soutenaient le candidat radical des campagnes, triomphant huit fois sur dix.

Le faubourg applaudissait formidablement, et ce jour-là des coups de poing pleuvaient dans tous les carrefours; parfois il en résultait un malheur.

Cette place de l'Église restait le théâtre principal des rixes et des disputes. On l'envahissait en jour d'élection, chaque habitant prônait là, en plein air, son candidat, des cris s'élevaient : « Vive la Révolution ! A bas la Commune ! »

Mutuellement, le village et le faubourg se portaient un défi. Les rages sourdes, contenues pendant quatre ans, éclataient partout, à la porte de la mairie, dans la mairie même, voisine de la place. Il fallait alors, près des urnes, des hommes de sang-froid pour faire la police, empêcher les fraudes, refouler les voyous dehors : c'était à chaque fois une curée générale, un envahissement de grande révolution où les haines, couvées entre habitants, se trahissaient par des regards à coup de couteau, des gestes d'assommoir.

Dorpierre, pendant cette émeute, restait barricadé chez lui, s'abstenant de voter. La foule qu'il avait spoliée était par trop dangereuse. Tels et tels, de vilains coucheurs, eussent profité d'une bousculade pour l'assommer roide.

Néanmoins, il caressait la conquête du pouvoir; depuis la mort de M. Télamon surtout, son plus implacable ennemi, la route de la mairie lui paraissait moins étroite, moins abrupte; l'amitié du curé l'avait aplanie déjà; Thésée, Pontoux, Vaugin, Mathieu, l'élargiraient encore pour lui permettre de s'y engager sans péril.

Mais il ne se dissimulait pas que c'était

de sa part tenter l'incertain, parfois encore se prenait-il à trembler, son rêve lui faisait peur.

Après confesse, l'abbé Dizouard trouvait ses intimes sur la place de l'Église. On se promenait une heure, les mains derrière le dos, entre le village et le faubourg, sur un terrain neutre. Thésée était du faubourg, Mathieu y avait une maison, Dorpierre, Pontoux et Dizouard, sans préférence, s'élevaient au-dessus de ces mesquineries de clocher. Ils marchaient, tout en causant des menus faits du pays, racontant l'histoire de chacun, médisant de tous ceux qui ne frayaient pas avec la sacristie. Dizouard déclamait particulièrement contre la jeunesse, la disant débauchée, libre-penseuse, ennemie de la religion. D'après lui, une jeune fille qui manquait la messe ou travaillait le dimanche, était capable de tous les vices. Il ne parlait pas des coureuses de bals, celles-là, depuis longtemps...

— C'est mon opinion, déclarait Dorpierre,

qu'une jeune fille laisse au bal son honneur. Jamais mes filles n'y sont allées.

Dizouard toussait parfois pour couvrir le rouge que lui faisait monter au front le souvenir de Léonie. Puis, comme après tout il avait confessé sa faute à l'abbé Lipert, que son âme devait être pure et tranquille, il retrouvait bientôt son visage serein d'hypocrite et risquait une louange sur les jeunes filles Dorpierre.

La promenade s'achevait dans un échange de paroles amicales, de flatteries douces, mutuellement on se couvrait de fleurs.

Dorpierre restait, à la vérité, le privilégié. Sa moisson d'éloges, à certains jours, l'écrasait un peu, en remontant chez lui, à son aire d'usure. C'était alors surtout que la mairie le poignait de désirs et de regrets. Dire que depuis vingt ans qu'il était une force dans le village, il n'avait rien fait pour la conquérir; il s'en voulait de cette incurie. Mais aussi, maintenant, oh oui! maintenant, il ne redoutait plus les menaces des spoliés, il les conduirait lui-même à l'urne, leurs contrats d'hypothèques en main.

Cependant on était loin encore de la période électorale, les blés mûrissaient, plusieurs mois d'attente devaient s'écouler avant la grande lutte du faubourg et du village, et Dorpierre, pratique avant tout, pensait pouvoir ruiner quelqu'un, d'ici là, sans que le fait nuisît à son élection.

XIII

CONVERSION

Elle s'était livrée dans l'aperçu d'un bonheur sans fin, d'une possession de l'être aimé, et, l'acte accompli, son rêve bleu s'était enfui, elle avait tout perdu, amant, virginité, repos; une lassitude de vivre s'emparait d'elle.

Ce prêtre l'avait trompée. Mâle ignoble, dernier monstre de l'Apocalypse, il s'était repu de sa chair vierge, il l'avait possédée jusqu'au sadisme, et en quel lieu!

Cet acte monstrueux ne pouvait être

excusé que par un amour qui grise, qui affole : le sien ! pensait-elle.

Mais lui l'aimait-il encore ? non, sans doute, il avait sacrifié à ses sens, et, une fois assouvi, l'égoïste l'oubliait, la recevait froidement au confessionnal, comme une inconnue à qui l'on prêche pénitence pour toute consolation ; elle le haïssait des heures entières. Puis, d'autres fois, se rappelait des instants d'intimité douce, écoulés avec lui, repassait, anneau par anneau, cette longue chaîne des entrevues et des rendez-vous, toute cette préméditation inconsciemment coupable de leur crime, et elle lui pardonnait presque de ne plus l'aimer, sublime de bonté envers son ingratitude.

Depuis sa faute, comme une métamorphose s'accomplissait en elle. Sa nature froide, égoïste devenait compatissante ; les pauvres femmes du village qui passaient à sa porte, un enfant au bras, l'intéressaient, elle leur faisait l'aumône, et, à l'insu de son père, pour elles et les paysans besogneux, réduisait le prix des remèdes.

Il lui répugnait maintenant de faire espionner les jeunes filles, de se mêler aux tripotages des dévotes, de demander chaque soir à Jean ce qu'il avait surpris dans les buissons et dans les champs, bien qu'elle subît encore une influence malsaine de sacristie.

Ce qu'elle ne put s'expliquer, ce furent les imprécations lancées de la chaire sur la foule par son amant, après leur abominable sacrilège.

Comment pouvait-on pousser l'audace aussi loin?

Des doutes lui vinrent alors que ce prêtre avait une âme noire; que ces vices contre lesquels il déclamait si violemment avaient été les siens. Elle eût voulu alors ne plus l'aimer, s'excitant à la haine et au mépris de ce monstre. Il la possédait toujours, elle restait folle de lui.

Léonie passait encore ses après-midi à l'église. Pauline gardait la pharmacie pendant ce temps, seule avec sa mère qui l'aidait maintenant à la préparation des remèdes.

C'était une nouvelle distraction pour la vieille femme, trop longtemps asservie au jeu du pilon. A la longue, elle s'était fatiguée sur son mortier à rhubarbe, elle eût autant aimé faire des bas. Heureusement la cuisine des contrevers, des wlinsi, des sirops de mûre, des décoctions de camomille, de valériane lui redonnait, à propos, des satisfactions perdues.

De nouveau, elle riait toute seule dans la grande cuisine noire. Parfois elle réclamait Léonie. Un légitime amour-propre lui faisait désirer de montrer à ses deux filles le travail de ses mains vieillottes, de prendre leur avis sur certains points. Il lui restait des doutes.

— Est-ce bien comme ça?

— Oui, oui, maman, c'est très bien ! continue, répondait Pauline.

Peut-être aussi, dans sa tête affaiblie,

avait-elle une vague inquiétude sur sa fille aînée. Pourquoi ces absences si longues? Pourquoi ce visage triste?

Mais la pharmacopée était une puissante distraction pour M°™ Dorpierre. Dans le sourire idiot qui suivait le jeu de ses doigts, elle semblait oublier le monde entier.

Pauline avait une affection immense pour sa sœur, elle l'aimait comme on aime une mère. La pensée ne lui venait pas de la questionner sur l'emploi de ses heures.

M. Dorpierre, non plus, ne s'inquiétait beaucoup de la conduite de Léonie.

Elle lui gagnait 3,000 francs par an, il n'en désirait pas davantage. Cependant, il crut devoir l'interroger un jour, au déjeuner, sur son manque d'appétit et sa pâleur trop apparente.

— Oh! ce n'est qu'un peu d'anémie, répondit-elle, quelques bains de mer suffiraient pour me remettre.

M. Dorpierre ne souffla mot de tout le repas.

Jeter un capital à la mer, même pour sauver une fille, était une chose au-dessus de ses moyens.

Désormais il prit le parti de ne plus s'informer de la santé des siens. On vivrait, on crèverait chez lui, il ne voulait pas entrer dans ces détails. Il avait acheté à sa famille une pharmacie, tous les pères ne payaient point ce luxe à leurs enfants.

Le matin, Léonie restait couchée jusqu'à onze heures.

— Je ne sais à quoi attribuer cette mauvaise habitude, disait-elle à sa sœur. Je deviens paresseuse, c'est une honte de se lever si tard à la campagne. Puis pour une foule de choses je me trouve changée.

— Bah! es-tu bonne de te tourmenter de si peu, lui répondait Pauline, il n'y a rien qui presse, tu peux rester au lit.

Léonie, en réalité, lui cachait la véritable cause de sa paresse. Ses nuits étaient sans repos, obsédées par les pensées du jour, une lassitude l'écrasait, sans jamais lui procurer ce sommeil qui naît des fatigues physiques. Elle veillait sa douleur jusqu'au matin. Alors seulement elle s'endormait, pour quelques heures, dans des cauchemars terribles; le corps brisé au réveil, l'âme pleine d'angoisse.

Le prêtre, jour et nuit, la hantait d'un mauvais rêve. Vampire, il s'asseyait à son chevet, buvant goutte à goutte le meilleur de sa jeunesse.

Elle l'en aimait davantage, il lui était d'autant plus cher qu'elle souffrait plus par lui, car l'amour semble naître et croître de l'obsession.

Elle ne s'était jamais ouverte à Pauline du mal qui la rongeait.

Révéler sa faute était trahir celle du prêtre, et elle lui paraissait ainsi trop monstrueuse pour oser l'avouer à une sœur, même dans un de ces cris de haine qui lui échappaient parfois.

A deux heures, elle descendait à l'église. Les vieilles dévotes se frappaient la poitrine, attendant chacune leur tour de confessionnal. Elle les voyait entrer et sortir, lentement l'église se vidait. Mille souvenirs retenaient Léonie à son prie-Dieu, la tête perdue dans ses mains jointes, s'oubliant en des rêves heureux, de douces émotions. Et brusquement une porte battait à côté d'elle, le prêtre sortait du confessionnal, il n'était plus temps de l'approcher, sa silhouette blanche s'effaçait déjà dans l'obscurité croissante des chapelles supérieures.

Pâle, debout devant son prie-Dieu, Léonie le suivait d'un regard vide de pensées, il semblait avoir emporté toute son âme; immobile, comme hypnotisée par la blancheur mourante de son surplis, elle le voyait encore. Puis, plus rien, ses yeux fixaient l'ombre noire, le prêtre avait disparu.

Alors elle sortait de l'église, lasse du long appui de ses genoux sur les dalles, le cœur saignant, les yeux troubles de larmes, s'imaginant, la pauvre fille, que le prêtre ne voulait plus entendre sa confession, qu'elle était excommuniée. Elle remontait le boyau des Enclos, abrupt comme un calvaire, et, des deux côtés de la ruelle, les maisons noires du village, espacées par endroits, semblaient marquer les stations de son supplice.

XIV

UN MARIAGE

Un jour, en désespoir de cause, Léonie vint sonner au presbytère, elle voulait voir M. Dizouard, seule à seul; souffrant depuis trop longtemps en silence, il lui fallait une explication.

La Pinquelle, une barsonnaise, servante du curé, vint lui ouvrir.

— Je le regrette, Mademoiselle, M. Dizouard est sorti, il ne rentrera que pour le déjeuner.

Il était huit heures du matin, heure à

laquelle le prêtre se trouvait généralement chez lui.

Léonie retourna très lentement, mais arrivée devant la maison neuve, au sommet du boyau des Enclos, une pensée lui vint de revenir sur ses pas, comme un doute lui restait que M. Dizouard devait être chez lui.

Elle se rappela que les fenêtres de la cure ouvraient sur une ruelle en casse-cou d'où l'on pouvait voir dans le salon et dans la cuisine. Elle redescendit avec la même lenteur le boyau des Enclos, le suivit jusqu'au carrefour de la Brêche; une ruelle à précipice se creusait devant elle; elle s'y engagea.

Mais, contre son attente, les fenêtres du presbytère étaient closes, la maison noire et muette, comme abandonnée.

Alors, elle tourna la cure, revint par une randonnée tortueuse à la porte d'entrée. Deux personnes causaient derrière. Enfin, la porte s'ouvrit. Et elle s'arrêta blême de stupeur, étouffée d'une émotion indicible.

Une femme sortait de chez le prêtre :
« Louise Mathieu ! »

Ce cri étrangla la gorge de la pécheresse, elle eut une défaillance, s'affaissa contre le mur en face.

Ce fut Louise Mathieu qui lui prêta secours. De l'eau dégouttait d'une gargouille. La jeune fille, en imbibant son mouchoir, le promena sur les lèvres, les tempes de l'évanouie.

Peu à peu, celle-ci rouvrait les yeux, reprenait ses sens, étonnée de se trouver dans une rue aux soins de Mlle Mathieu, inconsciente de la cause de ce spasme.

Louise l'entraînait maintenant toute hébétée, la portant presque dans ses bras.

Chez elle, Léonie fut reprise d'une nouvelle syncope; Pauline la ranima facilement avec des sels et de l'éther, mais ce second réveil fut terrible pour la grande amoureuse. Elle se souvint de la mystérieuse entrevue de son amant avec Louise. Ils chuchotaient dans l'ombre; les fenêtres, la porte étaient closes à tous les visiteurs, une servante, complice de leur sacrilège, les gardait du village, ils pouvaient s'aimer sans crainte. Une sinistre lueur éclairait ce souvenir, mettant à nu ses plus chères illusions, pâlissant tous ses rêves, comme une aube d'hiver les bougies d'un festin.

Ah! le festin était achevé pour elle depuis plusieurs mois, mais de lumières était encore empli le palais de son cœur, elle y attendait là journellement le bien-aimé, confiante en son prochain retour.

Aujourd'hui, la réalité tuait tout en elle: l'ignoble ensoutané était passé aux bras d'une autre.

Elle les haïssait tous deux, lui surtout, sadique infecte, hypocrite inavouable du périple infernal.

Mais, dans ses imprécations passait encore un grand cri d'amour. Le prêtre l'obsédait trop pour qu'elle ne l'aimât point dans toute sa hideur, tel qu'il était : sacrilège et infidèle!

Elle s'alita huit jours, en proie à la fièvre et au délire. Pauline, à son chevet, lui prodiguait des soins de sœur de charité.

Ce fut une nouvelle révélation qui la ressuscita, une chose inattendue, inespérée qui la fit bondir de joie dans son lit : Louise Mathieu, sa rivale, se mariait au médecin Jaubart de Barson, l'empirique qui vous tuait raide en quelques heures.

Alors Léonie pleura, d'avoir calomnié son amant, des larmes douces, des larmes qui fleurissent l'amour; elle renaissait à l'existence.

Cependant, ces fenêtres de la cure fermées en plein jour, ce mensonge de la servante et cette sortie mystérieuse de Louise la poignaient encore de grands doutes. D'autre part, comment supposer d'une fiancée... Non, cela ne pouvait être.

Et Léonie s'arrêtait, à mi-chemin, dans ce dédale des cogitations indicibles, s'efforçant d'oublier un vieux cauchemar.

Ainsi elle put guérir d'une maladie de langueur enrayée à temps.

Le mariage de Louise Mathieu et du médecin Jaubart fut un événement pour le village de Sodame.

Il surprit autant par le mystère qui en avait plané jusqu'à la publication des bancs que par la parenté directe existant entre les Jaubart et les Mathieu.

Par sa mère, Louise était la cousine germaine de son fiancé, délicate avec cela, sans développement, on la disait poitrinaire dans le village.

Mais le médecin Jaubart n'y regardait pas de si près. Louise était jolie, Louise était riche, il l'aimait enfin, de l'amour fatal d'une seconde jeunesse, avec cette dépravation morbide d'un chaste en révolte.

Médecin, il dissipa facilement les doutes de Mathieu sur l'anémique complexion de sa fille.

— Je l'ai auscultée, lui avoua-t-il un jour.

— Comment, auscultée? à la seconde visite déjà?

— Oh! décemment, monsieur Mathieu, sur la robe. Un bon médecin sonde très bien les régions pulmonaires au travers du vêtement.

M. Jaubart avait à son acquit une clientèle et quelques belles terres au soleil dans son pays de Barson. Par ces côtés matériels, il capta l'amitié du vieux Mathieu, la plus franche canaille de Sodame, après Dorpierre.

Grand, ventru sans obésité, large d'épaules, le visage jeune encore, vaguement expressif toutefois, la barbe noire, le verbe sonore, le geste aimable, M. Jaubart plut à Louise. C'était le beau mâle robuste, rêvé par toute androgyne.

Maigre, sans gorge, avec des hanches étroites, des jambes grêles, elle ressemblait à un éphèbe.

Cependant les muscles et les os ne transparaissaient pas sous cette chair sans graisse qui l'habillait.

D'une grande perversité était né en elle le désir de se livrer à un taureau.

Il pouvait la briser dans une étreinte, l'étouffer sous son corps, n'importe ! c'était un beau mâle, celui-là; s'il la tuait un jour, ce ne serait jamais que d'une caresse.

A la première publication des bans, la grande Mélie cria au scandale.

« — Il osait se marier, lui, cet empoisonneur de chair humaine, Jaubart, ce chaste dédaigneux de son amour. »

Car elle l'avait aimé dans sa jeunesse, sans jamais l'avoir eu pour amant.

Subitement la vieille courtisane était devenue folle de jalousie. Elle écrivit lettre sur lettre à Mathieu, à Louise, calomniant Jaubart, se flattant de l'avoir couché cent fois avec elle.

On ne lui répondit pas, on laissa s'écouler pendant huit jours ce flot d'injures.

Le neuvième, les fiancés se rendirent à la mairie, escortés de tout le village.

Une heure après, la noce prenait le chemin de l'église.

La cérémonie fut très belle. Dizouard officiait en chape de brocart.

Mais, au sortir de l'église, un véritable scandale se produisit. La grande Mélie avait rompu les rangs, et, s'approchant du médecin Jaubart, l'étourdissait d'une gifle formidable.

Hébété, chancelant, le rouge au visage, le marié regardait autour de lui, la main levée pour répondre à l'insulte, mais la grande Mélie n'était plus là et le peuple impassible le dévisageait.

Le malheureux médecin avait tué tant de gens dans le village qu'il n'inspirait plus aucune pitié.

Louise Mathieu, en cette circonstance, ne parut non plus très digne d'intérêt.

Son mariage semblait immoral à la foule.

Quelques robustes villageoises chuchotaient derrière elle :

— Ça fait mal au cœur, de voir une demoiselle sans aucune santé, se marier à un colosse; quand on est pourri de la poitrine, il faut rester jeune fille. Mais non, parce que ça a quatre sous. . . . .

M. Dizouard fut un invité de la noce. La famille Dorpierre, Pontoux, Vaugin, Thésée, et quelques amis du marié, complétèrent la réunion.

Très gauche, le prêtre était assis à la droite de Mathieu, en face de Léonie.

Les regards de son ancienne maîtresse furent sa hantise de tout le repas.

Il eut des compliments de paysan pour les nouveaux époux, oublia sa voisine, Mme Jaubart, et renversa trois fois les salières.

Jamais Léonie ne l'avait trouvé si banal.

Mathieu et Dorpierre causèrent usure tout le temps du festin. Mutuellement ils se renseignaient sur des coups d'expropriation.

Dans un coin de table, le sacristain Pontoux et le marchand de bois Thésée parlaient à voix basse du scandale de la matinée. Celui-ci, toujours amoureux de la grande Mélie, la défendait disant que quelqu'un avait dû la monter, peut-être le vétérinaire du faubourg.

Les deux mariés, vis-à-vis, se chuchotaient dans le cou des choses inconvenantes, leurs figures rouges en témoignaient.

La pièce restait froide, presque silencieuse, on mangeait peu, on ne buvait pas.

M. Dizouard, comme il convenait, se retira vers les dix heures. Quelques minutes après, les Dorpierre prirent congé des époux, puis Pontoux, puis Thésée, enfin la tante et la nièce de Jaubart.

Alors Louise conduisit son époux à sa chambre de jeune fille, dans les villages on n'y regarde pas de si près.

Le vieux Mathieu resta seul, dans la salle du festin, desservit la table, prenant un à un les verres, les couteaux, pliant les serviettes, empilant les assiettes ; il passa toute la nuit à ravauder son linge et sa vaisselle.

Par moment, un bruit du dehors l'attirait à la fenêtre ; le ciel était noir ; il ne distinguait pas au juste, entre une farandole ou un charivari, des bruits de ferrailles, de casseroles, de vieux chaudrons, l'inquiétaient beaucoup.

A la vérité, la grande Mélie, la Lise, les Bouffe et une dizaine de galopins battaient une chamade, à tout rompre, sous les fenêtres des mariés, chantant des choses obscènes, et farandolant.

La grande Mélie, en cheveux, excitait au sabbat.

De toute la nuit, les malheureux époux ne purent fermer l'œil.

Ils se levèrent très las, au matin, mais chacun avec ces paroles de circonstance sur les lèvres :

« — Dieu que j'ai bien dormi ! »

XV

UNE JOURNÉE DE SOLEIL

Les volets de la chambre étaient ouverts, un vent tiède entrait, imprégné de cette senteur des foins qui embaume les ruelles des villages, à l'époque de la fenaison. Un rayon de soleil, oblique, frappait les vitres gauches de la croisée, s'écrasant sur les moellons rouges de la chambre, en un poudroiement de fine poussière.

Couchée, Léonie rêvait de cette traînée de soleil sur les dalles, de cet air doux aux effragrances d'herbes sèches baignant délicieusement sa torpeur.

En une vague somnolence sa pensée flottait encore, dans cet azur caniculaire dont un pan émergeait des toits sombres du Boyau à hauteur des dernières vitres.

A son réveil, elle avait couru ouvrir la croisée; puis, sans s'y accouder plus de quelques secondes, était revenue à son lit, et là, mi-dévêtue, buvait la caresse du matin; un picotement de bien-être s'égarait sous sa peau.

L'air devenait de plus en plus tiède, apportant, par larges bouffées, le parfum d'un grenier à foin, et le rayon de soleil s'allongeait toujours, léchant maintenant la retombée des draps de la couchette, chauffant la chambre entière. Une des jambes de Léonie pendait négligemment. Dans sa course oblique, il en effleura les orteils du pied, glissa sous le talon, dans un chatouillement exquis, tournant la cheville, baisant les attaches, puis le mollet. Mais le drap de lit masquait la nudité de la jambe à la hauteur du genou, et Léonie ne se découvrit pas davantage à la caresse du soleil, l'excitation devenait trop grande.

Accoudée à la taie, une main dans ses cheveux noirs, le corsage entre-baîllé par sa chair rose, bleutée de veines à la rondeur des seins, la jeune fille reposait.

On frappa à sa porte. Elle reconnut l'heurt des doigts de Pauline, et sans se lever :

— Que me veux-tu, fillette ?

— M. le curé est à la cuisine, il demande à te voir, répondit Pauline,

Une flamme rosit les joues de la pécheresse, ses yeux luirent d'une âcre volupté, son cœur battit à rompre.

Un silence se fit.

— Eh bien ! que faut-il lui répondre ? que tu t'habilles, que tu descends, n'est-ce pas, Léonie ?

Une pensée de luxure traversa son cerveau. Le recevoir dans sa chambre, au lit, telle qu'elle était, la gorge ouverte, les cheveux épars, toute sa nudité transparente sous le drap, avec un genou, un mollet, un pied, réellement nus, de sa jambe pendante, et lui, debout devant elle, fasciné, ébloui par sa chair royale... quel rêve! Comme un éclair, cet exposé passa dans sa tête.

— Pauline, dit-elle, prie monsieur Dizouard de monter dans un petit quart d'heure, je serai vêtue, j'aurai mis un peu d'ordre ici, car je ne puis descendre ce matin, je me sens trop lasse. N'oublie pas Pauline.

Alors, elle masqua le débraillé du lit, en ramenant vers elle les rideaux bleus, trop écartés. Puis, se levant, vint entr'ouvrir la porte et se recoucha, s'étudiant à des poses lascives.

L'entre-bâillement de son corsage fut élargi de façon à livrer sa gorge au premier regard. Une large mèche de cheveux, déroulée sur l'épaule droite, l'encadra d'ombres noires, et, sur ce clair obscur à la Corrège, le soleil versait sa coulée d'or.

C'était là le foyer du tableau.

En baissant les yeux, comme elle le pensait, le regard du prêtre rencontrerait sa jambe nue, d'une blancheur de lait, avec des pointes de carmin au genou, à la saillie de la cheville et des doigts du pied.

Une psyché lui refléta sa séduction.

— Oh ! ne put-elle réprimer. Tout son orgueil de femme passa dans ce cri. Elle ne bougea plus, attendit, les seins enflés de désir, les yeux fixés sur la fenêtre, en une attitude de sphinx. Sa poitrine battait à rompre.

Bientôt un bruit de pas lourd monta de l'escalier, de plus en plus distinct.

Trois coups secs heurtèrent la porte.

— Entrez ! dit Léonie.

Le prêtre, troublé d'être reçu dans une chambre de jeune fille, s'avançait avec lenteur ; des remords le poignaient.

Dès l'entrée, le rayon de soleil mettait une grande gaieté dans cette chambre, mais les rideaux bleus, masquant la couchette, laissaient à l'œil l'illusion d'un sanctuaire.

Pris au piège, il marcha devant lui, cherchant du regard Léonie, sur les chaises et les fauteuils ; un moment il se crut seul. Soudain il s'arrêta, ébloui par la grande lumière du lit, un cri lui échappa où se peignaient l'admiration et la stupeur. Elle était devant lui, couchée voluptueusement, à demi-nue, détraquante de lubricité. Le soleil, ébattu sur sa gorge, immatérialisait sa chair, l'éclaboussait de lueurs aveuglantes jusqu'aux parties de son corps vêtues du drap. Et en dehors du rayon solaire, sa jambe droite se démasquait au genou, rose pâle, d'un naturel poignant ; c'était comme la page réaliste d'un roman irréel de couleur locale.

Le prêtre, attiré par cette hybridation perverse d'un chérubin dévêtu en vierge folle, fléchit sur ses genoux, collant ses lèvres, brûlantes de désir, au pied nu de l'androgyne.

Il sortit de sa chambre absolument gris, à moitié fou. Alors Léonie se leva, radieuse comme une Sémiramis vengée. Lentement elle rafraîchit, avec de l'eau, les caresses brûlantes du sacrilège, caressa d'un dernier regard les méplats et les courbes de son corps, se vêtit d'une robe verte, symbole de l'espérance, descendant aussitôt à la grande cuisine noire, un sourire de santé sur les lèvres.

Pauline et sa mère fabriquaient des mouches de Milan.

— Est-ce bien pressé? demanda Léonie.

— Oh! du tout, nous faisons ça comme autre chose, histoire de s'occuper, répondit Pauline. Tu es donc mieux, Léonie?

— Oui, beaucoup mieux! je veux même sortir ce matin, viens avec moi. Maman, accompagne-nous.

La vieille femme gésina :

— Non, vois-tu, Léonie, mes jambes, depuis quelque temps, se refusent à la marche. Demain peut-être vous suivrai-je, allez seules aujourd'hui.

Elle reprit sa confection de mouches de Milan, tandis que ses deux filles passaient dans une pièce voisine pour mettre leur chapeau.

Le soleil baignait le côté gauche du boyau des Enclos, les maisons noires, sous sa flamme, semblaient comme neuves. A cette hauteur du village, les ombres étaient encore fraîches, mais en descendant l'air y passait plus tiède. Parfois aussi le boyau courait en pleine lumière, par l'écartement des maisons, et surtout sa position méridienne, nettement accusée; puis, brusquement, s'engageait vers l'est sans soleil, zigzaguant à travers le vieux village.

Pauline, hantée des bizarreries de sa sœur, des crises de pleurs qui la brisaient le soir, marchait pensive. Pourquoi pleurait-elle? Elle aurait voulu savoir. D'autres fois, comme ce matin, par exemple, sa grande sœur était heureuse, ses yeux luisaient de joie, mais il suffisait alors de lui demander le sujet de sa gaieté pour voir s'éteindre son visage et surprendre des larmes à ses cils. Aussi n'osait-elle l'interroger.

Léonie bavardait de mille riens, trouvant Pauline morose, essayant de la dérider par des sourires à la dérobée, des regards furtifs de gamine.

Elles atteignaient les premières maisons du faubourg. Ici, en droite ligne, le boyau des Enclos marchait à la plaine inondée de soleil.

— Où allons-nous? demanda Pauline.

— Où tu voudras, petite sœur! Nous n'avons point de but, n'est-ce pas?

— Non. Tu es toute drôle aujourd'hui, pourquoi es-tu si gaie, des jours, et si triste, d'autres?

— Est-ce que je sais moi?... Un effet du temps sans doute.

— Oh! par exemple, tu as pleuré hier; il faisait beau comme aujourd'hui, cependant.

— Eh bien! alors, c'est que j'avais un chagrin que je n'ai plus. La tristesse me vient subitement, la gaieté de même. Mais les grandes joies ne sont données qu'à ceux qui ont eu de grandes douleurs. C'est tout naturel. Pourquoi apprécie-t-on mieux le soleil après l'orage?

Pauline rêvait. Elle eût voulu connaître à son tour cet excès des sourires et des larmes, pleurer des journées entières pour éprouver après une joie intense, inconnue de sa gaieté naturelle.

Elle enviait le détraquement cérébral de sa sœur sans le comprendre, désirait l'hystérie.

Dans la plaine, un chemin de micouliers se déroulait, à travers un océan de blés d'or. Les arbres étaient pleins de cigales, les grillons criaient dans l'herbe haute, de droite et de gauche, arrivait le bruissement des épis houlés par le vent. Une grande rumeur montait de la terre. Léonie et Pauline s'assirent, impressionnées toutes deux par ces mille voix estivales, toutes dissonantes, prises séparément, mais d'une harmonie wagnérienne dans leur ensemble.

La surexcitation du matin prédisposait singulièrement Léonie à écouter cette musique champêtre infiniment douce.

Le grand air, la voix du sol l'apaisaient dans les révoltes de sa chair mal assouvie. Elle restait gaie, en éveil, toutefois, d'un danger prochain.

— Tiens! M. le curé! laissa échapper Pauline.

— Tu dis! mais où donc!

De nouveau énervée, les seins durs, Léonie regardait la route déserte.

— Mais là! à deux cents mètres, sur le chemin de Carmagnol; retourne-toi! vois-tu?

Elle se leva.

C'était, en effet, l'abbé Dizouard, subitement pris de remords et se rendant, en toute hâte, chez son confesseur, le curé Lipert.

Ah! il ne les voyait pas, le malheureux, marchait comme vont les fous, nu tête, son chapeau noir à la main, balançant ses bras de moulin à vent.

Il voulait cette fois le porter tout de suite au confessionnal ce gros péché qu'il s'était juré de ne plus commettre, et il allait, plein de terreur, dans la plaine aduste de midi.

— Comme il marche vite; pourquoi cela?

— Je ne sais pas, petite sœur; sans doute est-il très pressé. Il fait bien chaud ici; nous devrions rentrer au village; veux-tu, Pauline?

Subitement la silhouette du prêtre dans les champs avait attristé Léonie.

Cette course précipitée, dont elle ignorait le but et le mobile, la hantait d'un mauvais rêve.

Les deux jeunes filles remontèrent lentement vers le village se retournant, tous les six pas, pour suivre dans les blés fauves, endormis sous le soleil, la tache noire de l'ensoutané.

XVI

A CORPS PERDU

Trop étroitement rivée à la chaîne de son vice pour penser à la rompre, trop éprise du prêtre pour s'effrayer d'un sacrilège, Léonie acceptait, sans remords, une vie de bourgeoise Manon Lescaut. Fière de sa victoire, elle rêvait d'en retirer tous les avantages. De lui-même, il viendrait la voir, et cela journellement, elle ne voulait plus courir après lui, mais intervertir les rôles, sachant, par expérience, que l'homme est ingrat et s'attache à la femme, moins pour les bienfaits qu'il en reçoit, que pour ceux qu'il lui rend. — De fait et de nom, elle resta « maîtresse ».

L'abbé Lipert avait été si indulgent, si bon confrère que M. Dizouard crut sa faute péché véniel, et pensa vaguement à une troisième déchéance, encore agenouillé dans le confessionnal.

Certes les méplats de l'androgyne, sa croupe d'Éros nubile, sa gorge d'Hébé, toute l'aphrodisiaque nudité de la femme possédée le matin lui revinrent, éveillant sa chair, polluant son esprit, remuant la fange de tout son être.

Mais une pensée dominait toutes les autres : l'absolution reçue. Il était fier, réjoui, d'avoir avoué sa faute, d'être absous, aux yeux de Notre-Seigneur; demain il pourrait dire la sainte messe.

« Demain il pourrait dire la sainte messe ». Cette phrase tombait machinalement de ses lèvres tandis qu'il retournait à Sodame.

L'angelus sonnait au village, il s'agenouilla sur la route. Puis d'un pas allègre descendit les coteaux de Carmagnol. Au bas, toute jaune, éblouissante de lumière, la plaine s'étendait.

Le lendemain matin, au sortir de l'église, M. Dizouard monta au sommet du village, son bréviaire sous le bras, avec la bonne pensée d'aller le lire au grand air, là-haut, derrière le vieux monument de la Coupole. Mais, à cette montée raide du boyau des Enclos, il s'essouffla, eut un grand désir de s'asseoir, de rentrer chez lui, et de lire ses offices dans un bon fauteuil, tandis que son chocolat moiré, parfumé refroidirait un peu, sous les rôties de pain.

Soudain! à un tournant du boyau, la maison neuve des Dorpierre se dressa devant lui, des pensées l'assaillirent, il vit trouble, son vice venait de surgir, et fatalement il entra dans la grande cuisine noire, poussé par quelque force inconnue.

Le rêve de Léonie se réalisait. Le prêtre en rut venait à elle, elle n'avait qu'à l'attendre, mollement étendue sur son lit.

Et la scène de la veille se renouvelait, point par point. Rien n'était changé au décor de la chambre.

A la même heure, le rayon de soleil irradiait sur sa poitrine nue, après avoir léché le pied et le mollet de sa jambe droite, lascivement pendante de la couchette. Une psyché la peignait fidèlement sous les rideaux bleus.

Comme la veille, le prêtre entra hésitant, troublé de remords. A l'hémicycle de la chambre, une lumière rose le frappa en pleine face d'un éblouissement paradisiaque, et il chancela, venant de nouveau coller ses lèvres au pied nu de la sphinge.

Et, après le sacrilège, Léonie repassa une robe verte, descendit à la cuisine où Pauline et sa mère s'occupaient à la fabrication d'emplâtres.

Et, Mme Dorpierre se refusant toujours à la promenade, ses filles sortirent de nouveau seules, dirigeant leurs pas vers la plaine.

Sous les micouliers leur arrivèrent les

mêmes bruissements, les mêmes motifs d'orchestre, entendus la veille. A droite et à gauche de la route, la moisson fauve ondulait sous le vent, toute pâmée de soleil. Elles s'assirent sous le même arbre.

Alors, comme dernière illusion qu'elles revivaient la journée d'hier, la silhouette noire de l'abbé Dizouard se détacha des blés mûrs. Effaré, marchant à grands pas sur la route de Carmagnol, le prêtre courait porter sa nouvelle faute au confessionnal de son bienveillant confrère.

Les jours qui suivirent furent la répétition des précédents. Une fatalité jetait désormais les amants aux bras l'un de l'autre, à la même heure, au même lieu, comme ces acteurs d'une pièce à succès qui journellement épuisent leur répertoire de gestes et de mots. Mais chaque séance leur était plus nouvelle, plus enivrante. Avec une témérité que seuls connaissent les amants, ils péchaient en plein jour, la fenêtre ouverte, la porte entre-bâillée. La pensée que quelqu'un pouvait les surprendre, du toit d'en face, ou Pauline, Constance, Monsieur, Mme Dorpierre entrer chez eux, ne leur venait pas. Il se livraient, l'un à l'autre, sans crainte aucune, oubliant tout, s'isolant dans leurs plaisirs.

La grande cuisine était sous eux, le cabinet de M. Dorpierre au-dessus, un unique escalier reliait les trois étages de la maison, passant devant leur chambre, en sorte qu'ils entendaient monter et descendre. Et devant la croisée ouverte, dans le boyau des Enclos, un mur se dressait, noir, plein de crevasses, regards éteints d'une chose morte.

Un hasard sans bornes favorisait les deux amants. Jamais Pauline ne serait venue dans la chambre de sa sœur, tant que M. Dizouard n'en était pas sorti. Un jour, inconsciemment, elle les sauva de la visite de son père. Celui-ci, distrait, hanté de rêves d'usure, se croyait sur le palier de son cabinet.

— Papa, vous vous trompez, lui cria Pauline. C'est la chambre de Léonie.

— Ah! ah! très bien... une distraction, merci, mon enfant.

Et M. Dorpierre remonta d'un étage.

Cependant, comme toute femme est curieuse, Pauline fut souvent mordue du désir de surprendre les amants. Pourquoi Léonie recevait-elle M. Dizouard chez elle, au lieu de descendre au salon, ce qui était plus convenable? Pourquoi ces visites journalières du prêtre? Pourquoi?

Un soupçon monstrueux grandissait dans son esprit. Sans doute, il y avait une action très basse à soupçonner sa sœur, à l'espionner surtout, mais la curiosité triompha.

Un matin, à pas de loup, Pauline monta jusqu'à la porte de sa chambre. Elle colla son regard à la serrure. Un grand jour emplissait l'intérieur, mais ses yeux n'aperçurent de la couchette que la retombée des rideaux bleus.

Elle rougit alors, d'une curiosité satisfaite, et redescendit, sans bruit, à sa cuisine. Depuis ce jour, elle ne monta plus, vaguement heureuse de n'avoir rien surpris qui pût ternir dans sa pensée la sereine image de sa sœur.

Cependant un jour les amants eurent un grand émoi. Quelque chose avait heurté la porte. Pâles, ils se regardaient, la respiration momentanément suspendue. De nouveau un heurt fut donné à la porte de leur chambre. Cette fois, Léonie sauta du lit. Au bruit de ses pas un aboiement glapit dans le couloir.

— Ah! que c'est bête d'avoir eu peur d'un chien, dit-elle, en regagnant sa couche. Une autre fois, je ne me dérangerai plus, Camille, ce serait pour un chat sans doute. Voyez-vous! cette brute de Jean a oublié son chien ici. Non, c'est trop bête! Vous avez eu peur, Camille?

Dizouard tremblait de tous ses membres.

— Un peu, répondit-il, vous aussi, n'est-ce pas?

— Oh! je m'en aperçois, je suis encore toute pâle. Venez, Camille, nous allons prendre un petit verre de kirsch, j'en ai de très bon dans une armoire.

Ils burent tous les deux un verre de kirsch, assis sur leur lit de débauche.

— Écoutez, Léonie, dit le prêtre, nous commettons chaque jour une grande imprudence à ne pas nous fermer à clé, à laisser la fenêtre ouverte.

— Vous croyez, Camille?

— Oui, oui, insista Dizouard, on pourrait nous prendre en flagrant délit, je perdrais ma cure, je serais interdit. Puis il faudra vous habiller tous les matins, avant que je vienne; c'est là une imprudence impardonnable de votre part de rester ainsi en chemise.

— Ah bien non! merci. Vous devenez trop exigeant. Passe pour fermer la porte, et encore, c'est bien inutile. Personne ne peut monter chez nous. Ce n'est pas Pauline, je réponds d'elle. Ce n'est pas maman, la brave femme ne bouge point de sa cuisine; quant à papa, il va droit à son bureau ne s'arrêtant jamais dans l'escalier. Nous sommes bien chez nous, Camille.

— Oh! nous fermerons la porte, Léonie, nous fermerons la porte, promettez-le moi.

— Eh bien! soit! seulement je vous attendrai au lit, comme par le passé.

De part et d'autre on se fit des concessions. Mais Dizouard ne se crut plus en sûreté depuis cette fausse alerte donnée par le chien de l'idiot. Il perdit toute quiétude, entra chez sa maîtresse pâle, ému, et, durant la consommation de son sacrilège, des frayeurs folles le possédèrent au moindre bruit de la maison, de la ruelle, aux craquements même de la couchette, sous le poids de leurs deux corps.

Souvent il se retournait vers la porte de la chambre, demandant d'une voix qu'étouffait l'émotion :

— N'avez-vous pas entendu?

— Mais non, mon ami, ce n'est rien, vous tremblez toujours.

D'autres fois, Léonie se contentait d'éclater de rire; un jour, elle lui récita le refrain de la ballade à la lune. Elle ne se gênait plus pour parler à haute voix, pour chanter, affichant son mépris de la peur si témérairement que M. Dizouard la grondait.

— Vous voulez me perdre, Léonie, on dirait que vous appelez au secours, cessez, au nom du ciel!

Il vivait dans les transes.

Mais elle riait de plus belle.

Au fond, ils commençaient par être assouvis, las d'eux-mêmes, quoique fatalement rivés encore à la chaîne d'un vice.

XVII

L'EMPRISE

Maintenant, après sa messe, M. Dizouard avait comme une épouvante d'aller chez Léonie. Impuissant à rêner sa chair, l'aiguillon des voluptés le stimulait à la montée raide du boyau des Enclos. Après l'acte, peut-être éprouvait-il une déception qu'il ne connaissait pas autrefois ; mais une journée et une nuit renouvelaient suffisamment des désirs à sa chair restée chaste quarante ans.

La bête, terrible en lui, réclamait contre une jeunesse perdue, l'enserrait dans ses bras sensuels, paralysant sa force, énervant son vouloir.

Il ne s'appartenait plus.

Alors commença pour lui une lente agonie. Son tourment naissait de ce plaisir même qu'il n'avait plus le pouvoir de se refuser. Il descendit à l'esclavage par une pente insensible, agréable à suivre, fleurie de toutes les fleurs de la luxure. Embourbé dans le vice, des nausées lui montaient de ses pieds; il tendait les bras vers le pan d'azur, entrevu du tréfond d'un gouffre, aux parois glissantes, ne donnant aucune prise à ses mains polluées et, de là, clamait le *De profundis*.

Il manquait d'air, suffoquait maintenant, en cette chambre de Léonie, épeuré qu'il était encore par l'ombre, le mouvement, le bruit des moindres choses, s'attendant à chaque instant à voir entrer Dorpierre, Pauline, quelqu'un de la maison dans l'endroit maudit où ils étaient nus... Quel affront! mieux valait mourir.

Léonie augmentait encore ses terreurs.

A le voir pâle, haletant, comme brisé, jetant des regards louches autour du lit, l'oreille tendue, elle puisait une audace inouïe, une témérité de fille publique. Elle ne comprenait pas qu'on puisse ainsi manquer de cœur dans un lieu sûr et, voulant guérir son amant de cette sensiblerie peureuse de bébé, elle chantait à tue-tête, courait en chemise sur les moellons, gaminait sur les meubles, s'approchant même, débraillée, de la fenêtre.

Lui, tremblant de tous ses membres, la suivait du regard. Chaque jour, il devait assister à ce sabbat. C'était un supplice que lui infligeait la fille folle avant l'œuvre de chair, car après, une fois éteint au vice, il se sauvait de la chambre comme un fou. Cette danse d'un quart d'heure calmait Léonie. Elle revenait à la couchette. Mais, alors même qu'il la tenait dans ses bras, M. Dizouard avait peur de cette enfant terrible, se tordant sous lui en des mouvements brusques qui faisaient tout craquer.

Il sortait maintenant de chez elle, avec la rage sourde d'un fauve assujetti à quelque jeu d'arène barbare. Il haïssait cette femme dont il ne pouvait plus se dégluer, qui l'enserrait d'une emprise de plus en plus étroite.

Certes, il n'eût reculé devant aucune lâcheté pour l'oublier, la fuir; il ne l'aimait plus, mais sa chair inassouvie la désirait toujours plus furieusement, et, dans ce duel de sa pensée et de son corps, le corps triomphait sur l'esprit: esclave conscient d'une veule servitude.

Au sortir du lupanar, des remords le poignaient, il courait à Carmagnol, une commune dépendante de Sodame.

Mais l'abbé Lipert était parfois absent, il devait alors l'attendre jusqu'à midi, et cette confession quotidienne l'humiliait maintenant, malgré l'excessive indulgence de son confrère.

Il souffrait de lui avouer chaque jour la

même faute, ce péché de chair auquel il avait opposé quarante ans d'une vie chaste. Puis, l'abbé Lipert fronçait parfois les sourcils, soupirait même, aggravant la pénitence habituelle d'une dizaine de chapelet. Ces mille riens, un geste, une parole de son confesseur, le troublaient profondément, il avait là comme un ressouvenir des terreurs folles qui le brisaient chez Léonie.

Rentré a sa cure, il s'attendrissait sur lui-même, se pleurait silencieusement des heures entières.

« — Léonie était bien coupable de le
« rendre ainsi malheureux, lui si doux, si
« bon, si compatissant du sort des autres. »

Cette pensée l'aveuglait d'un torrent de larmes.

Il lui reprochait encore de souiller son âme blanche de prêtre, de traîner sa soutane dans la boue.

Des souvenirs lui venaient, pleins d'amertume.

Il se rappelait ces luttes superbes d'autrefois avec le démon, luttes dont il était toujours sorti vainqueur. Même au petit séminaire, il avait triomphé de sa chair, affamée alors de pratiques solitaires.

— Non! je n'ai pas péché contre l'impureté, mon père, répondait-il au confessionnal. Et son confesseur l'embrassait sur le front, en lui disant :

— Vous êtes blanc et pur devant Dieu, comme un agneau, allez en paix.

Au grand séminaire, il avait prononcé ses vœux, sans un remords, sans un regret de mourir au monde, il ignorait la Femme. Et plus tard, quand il la connut, au confessionnal de la petite paroisse des Grillons, il la méprisa de toute son âme, oubliant que le Christ avait aimé une fille de joie, « la pécheresse Madeleine ».

Tel était le passé d'hermétisme qui l'avait jeté hypocrite, sans générosité d'âme, aux bras de la débauche.

Il n'y a guère que les filles des maisons

de tolérance qui fautent sans aimer, et encore, souvent l'amour d'un proxénète les a-t-il prostituées. En général, depuis Ève, la pomme est mangée par la femme avec une délectation si grande des sens et de l'esprit que le corps et l'âme, en elle, semblent se fondre en une seule et même chose qui est l'amour.

Léonie mordit à pleines dents au fruit défendu, sans un remords, sans une arrière-pensée, elle aimait ! et pour cela sa faute fut moindre que celle de l'abbé Dizouard, casuistiquement parlant, c'était son cœur, plutôt que sa chair, qui l'avait jetée au bras du prêtre.

La femme a cette supériorité sur l'homme qu'elle ne se livre pas avant d'aimer, on la possède toute, c'est une chute entière de son être, pleine de franchise, que l'on doit plaindre parfois, excuser le plus souvent, ne jamais croire irréparable.

Le Christ ne repoussa point l'amour de la Madeleine, mais eut horreur du baiser de

Judas, âme noire d'hypocrisie et d'usure.

Il releva la femme adultère avec cette parole sublime : « Que celui qui n'a jamais péché lui jette la première pierre », et l'on cite d'autres paroles de ce roi des prophètes, toutes à la défense des filles de joie et des femmes tombées.

Jamais pervers ne connut mieux le cœur humain que ce chaste, aux cheveux d'or, qui passait sur les places de Jérusalem, souriant aux dépravées en haillon, détournant la tête des riches réputés vertueux.

Anarchiste divin, relevant du ruisseau une femme déchue par amour, mais humiliant de toute sa hauteur d'homme pur la monstrueuse débauche des cœurs froids.

Léonie Dorpierre aimait son amant malgré tout le ridicule dont il se couvrait devant elle depuis une semaine.

Cet éveil constant de la peur chez l'homme aimé la blessait profondément dans son orgueil de femme. Vainement, elle avait tenté de vaincre les terreurs folles qui le possédaient à chaque rendez-vous, par un visage serein, une gaîté bruyante......

C'était alors surtout que la lâcheté du prêtre s'était démasquée. Elle l'aima quand même, poltron et égoïste, efféminé et hypocrite, elle l'aima toujours. Elle ne connut jamais le vice suprême de ne désirer que charnellement celui à qui elle se livrait.

Malgré les élans de colère de son cœur, malgré les imprécations de sa voix où l'excès de l'amour dominait seul, elle ignora les rages sourdes de Dizouard, ces révoltes de fauve en cage qui le secouaient intérieurement, pensées profondes d'ingratitude, développées par la hantise de paraître chaste aux yeux de la galerie.

Certes, le prêtre n'eût jamais lutté contre des débordements scandaleux, vécus en lieux sûr, dans un trou noir, à vingt pieds sous terre.

C'étaient cette lumière, ce ciel bleu, ce rayon de soleil qui l'épeuraient maintenant, depuis l'éveil donné par le chien de l'idiot, car il pensait que toutes ces choses pouvaient un jour ou l'autre le trahir.

Jusque-là il avait cru son vice en sécurité, sa conscience l'était par ce fait, l'abbé Lipert d'ailleurs était là pour le rassurer. Mais toutes les maladies ont une date, la peur le minait depuis lors, et, par cette blessure ouverte à son âme, de la haine entra pour cette créature qui l'aimait avec une imprudence extrême. D'autre part, sa chair la désirait plus que jamais dans cette chambre claire, où ses yeux avaient une délectation, où ses bras possédaient une nudité, où lui-même se dévêtait du froc, au rebord d'un lit.

Il y avait là une volupté parfaite de regards, d'attouchements, d'odorat : c'était le baiser d'ivresse donné à tous ses sens, comme aussi l'étreinte dont on ne se délivre plus, et voilà pourquoi il aimait et haïssait les fous enlacements d'une maîtresse.

La peur, sa maladie, grandissait dans cette lutte journalière de l'esprit et de la chair.

En public l'homme restait hypocrite, le prêtre rigoriste implacable.

XVIII

LES RÉCOLTES

Comme les années précédentes, Dorpierre fut humilié de la pléthore de ses récoltes. Les greniers du village ne suffisaient plus; il dut vendre une centaine de charges de blé sur l'aire même, à un prix dérisoire comparé à celui de l'hiver. Mais il fallait en passer par là ou sinon laisser pourrir la récolte sous les pluies d'automne.

Dans sa grande cuisine, Dorpierre fit loger 40 charges, dans son bureau, une vingtaine. Pauline, Léonie en reçurent également chez elles. Léonie se fâcha.

— C'est bien ennuyeux tout de même de n'avoir plus sa chambre libre, que ne vendez-vous vos récoltes? Vos greniers regorgent encore d'un blé de trois ans, le charançon s'y mettrait que vous ne l'auriez pas volé, savez-vous?

Dorpierre, par moments, avait peur de sa fille aînée. Depuis quelques mois surtout elle l'effrayait par son inertie, son dégoût apparent des choses pratiques.

Elle déclamait à table contre les avares, contre les usuriers, ne comprenant pas qu'on pût trouver un plaisir si grand à posséder et à déposséder.

Dorpierre ne soufflait mot, cette brusque révélation lui faisait l'effet d'un coup de massue. D'autres fois une rage sourde s'étouffait en lui contre sa fille :

« C'était là toute la satisfaction qu'elle
« lui donnait dans sa vieillesse; des sar-
« casmes. Et dire qu'il avait nourri, qu'il
« nourrissait encore toutes ces inutilités, à
« commencer par Mme Dorpierre? Qu'a-

« vait-on fait pour lui ? rien que de lui sou-
« tirer de la nourriture et de l'argent. Ah !
« non, c'en était trop à la fin ! »

— Il sortait de table pour ne pas éclater. Léonie fit descendre à la cuisine les sacs qu'on avait mis dans sa chambre. Dès lors, Mme Dorpierre et sa plus jeune fille furent complètement bloquées, la pharmacie devint impraticable.

— Eh bien ! retirez-vous, ne travaillez plus, leur déclara Léonie, un jour où elles se plaignaient de l'envahissement des sacs. Faites comme moi, reposez-vous.

Pauline fut facilement gagnée à la paresse, mais sa mère eut un réel chagrin de cette nouvelle accalmie, elle s'ennuya tout le jour dans cette grande cuisine noire où les sacs de blé, droits et blancs autour d'elle, imitaient des pierres tombales; elle fut comme ensevelie.

Dorpierre pendant les récoltes ne rentrait chez lui que pour les repas, surveillant dehors, le reste du temps, l'arrivée et la décharge des charrettes, courant dans le village d'un grenier à l'autre, la redingote sale, blanche de gluten, le chapeau éculé. Il mettait pour ces jours de fatigue ce qu'il avait de plus vieux ; on eût dit d'un mendiant de grande route, traqué par des gendarmes.

Sa face ronde s'allongeait, ses yeux gris devenaient glauques, ses lèvres pendaient, entr'ouvertes en un essoufflement d'hydropique. Et des peurs d'avare le reprenaient à voir éparpiller ses récoltes aux quatre coins du village. — Cette année surtout il redoutait les haines des spoliés, les jalousies des petits bourgeois, l'humiliation générale que ses richesses feraient subir au peuple, devant poser sa candidature à la mairie dans quelques mois.

Une grande lâcheté l'envahissait, son rêve de pouvoir lui échappait momentanément, trop hanté du souci de ses grèniers d'abondance.

Il connaissait le village ; n'ignorait pas que, vainqueur aux élections, il resterait une force inébranlable, d'autant plus à redouter qu'il tendrait deux cordes à son arc : l'argent et le pouvoir; mais échouant, le village ne le défendrait pas du faubourg, toute une révolution éclaterait à sa porte, on ferait le sac de ses greniers. Il frissonnait à ces pensées que l'ambition, en d'autres temps, dorait d'un triomphe, mais qui lui revenaient brutalement réalistes à l'époque des récoltes.

Ce fut, en cette pénible circonstance, que son ami Pontoux le lâcha complètement. Le sacristain cafard fit allusion, en public, au bien mal acquis de l'usurier, puis sournoisement, à voix basse, confia à plusieurs les ambitions de Dorpierre, sa conquête de la mairie, son rêve. Très sagace le clerc avait surpris toute la pensée de Dorpierre, par des mots imprudents, échappés à celui-ci, comme : « Il nous faudrait pour maire quelqu'un de riche, libre de son temps, et d'une intelligence pratique. »

A cette révélation, on haussa les épaules, on sourit ironiquement, mais aucun défi verbal ne fut porté devant le sacristain d'une hypocrisie notoire.

Une fatalité s'attachait à Dorpierre cette année-là, dans le mois d'octobre.

Le tribunal, les études d'avoué semblaient vouloir saper, devant lui, cette popularité dont il avait un si pressant besoin aux élections municipales.

Voilà que des affiches de vente étaient placardées sur la place publique, à la mairie : vente par licitation, vente sur saisie immobilière, vente par expropriation, revente sur surenchère. C'était un fait exprès ; toutes les spoliations de l'usurier avaient pris cette échéance d'octobre, comme pour le dénoncer au village, le mettre à l'index.

Il avait oublié les visites de Gauthier au printemps, croyait la procédure enrayée, mais les chieurs d'encre des études, les ignobles appareilleurs de saisies s'étaient levés, tout-à-coup, de leurs ronds de cuir sale, et venaient placarder leurs affiches. Après six mois de grossesse, ils accouchaient enfin de la ruine pour une dizaine de paysans.

C'était un dimanche soir, une cohue à la mairie. Dans la salle criblée de l'ordure des avoués, les villageois s'arrêtaient devant cette pancarte rouge :

Vente par expropriation de deux terrains, situés dans la commune de Sodame, appartenant au sieur Jules Plidel, au préjudice duquel ils ont été saisis.

Adjudication au samedi, 20 octobre, à 10 heures du matin.

PREMIER LOT.

Un pré appelé La Palun, contenant 2 hectares 20 ares, section A du plan cadastral de la commune de Sodame.

Mise à prix. . . . . . 4,000 fr.

DEUXIÈME LOT.

Un tènement de pré et labour appelé La

Gardette, contenant 75 ares, 25 centiares, compris au n° 10, section E, dudit plan.

Mise à prix. . . . . . 846 fr.

Faits et procédure.

Cette vente est poursuivie à la requête de César Dorpierre, propriétaire, demeurant à Sodame, ayant M⁰ Boufécale pour avoué.

Fait et rédigé par l'avoué poursuivant à Forcalquier, le 2 octobre 1872.

Pour extrait conforme.

BOUFÉCALE, avoué.

A côté, sur le même mur, une seconde affiche saillait, toute blanche :

VENTE SUR SAISIE RÉELLE

Par suite de surenchère, en l'audience des criées du tribunal civil de Forcalquier,

D'un corps de domaine, situé au terroir de Sédron, commune de Sodame, appartenant au nommé Ripe.

Mise à prix. . . . . . 1,170 fr.

Adjudication au mardi, 16 octobre 1872.
Faits et procédure.

Cette vente est poursuivie à la requête de César Dorpierre, etc..., ayant Mᵉ Boufécale pour avoué.

Et ailleurs, dans la même salle, il y avait d'autres ventes sur licitation ou saisie, toutes à la requête de l'usurier Dorpierre, toutes signées par le chieur d'encre Boufécale.

Ce fut un émoi parmi les villageois et les paysans. Chacun s'effrayait de ces ruines prochaines, le malheur d'autrui faisait serser les coudes devant ces placards d'expropriation judiciaire, tous tremblaient pour leurs champs, car finalement on les exproprierait, à leur tour, peut-être, même, avant la nouvelle année.

Cette terreur subite, contre toute attente fut salutaire aux élections de Dorpierre, on le salua très bas dans le village, il ne vint plus à la pensée des pauvres de sourire en public de l'homme tout puissant. La haine qu'on lui voua fut intérieure.

Dorpierre, encouragé par cette soumission, se porta acquéreur à toutes les ventes, aux jours fixés.

Quelques paysans, riverains des expropriés, poussèrent, aux enchères, des lopins de prairie, de labour, de bois qui donnaient une valeur réelle à leurs propriétés.

Dorpierre s'entêta, l'amour du sol le possédait furieusement aux enchères, il souffla toutes les bougies. D'ailleurs, à part ces lots de pré, de labour et de bois auxquels tenaient quelques paysans par une question de proximité et de plus-value donnée à leur terroir, les grandes pièces ne furent pas disputées à l'usurier, il les eut pour un morceau de pain.

Ce fut en l'espace de quelques jours une acquisition de 60 hectares. Maintenant il possédait la moitié de la plaine et les deux tiers environ des forêts de Sodame, le reste se répartait entre trois cents paysans. Les expropriations de l'usurier avaient surtout ruiné le village. Là, un tiers des habitants vivait de rapine.

La plupart spoliés par Dorpierre allaient lui reprendre, la nuit, un peu de ce qu'il leur avait volé : une charge de bois, une gerbe d'épis, un sac de légumes, c'était justice !

Cependant, les Bouffe qui n'avaient jamais rien possédé couraient les premiers aux champs de Dorpierre. Dès 9 heures du soir, le vieux, la femme et les deux filles sortaient de leur trou, irradiant, les uns vers la plaine, les autres vers le bois. A minuit, une heure au plus tard, ils rentraient, écrasés du fardeau de leur vol. Le vieux charriait des fagots formidables sur le dos, toute une forêt de branches sèches, la femme une meule de foin, les filles des hottes de fruits. A la vérité, ils traitaient Dorpierre de seigneur à vilain, prélevaient une dîme sur toutes ses denrées, se chauffaient, mangeaient, buvaient en franchise, travaillant la nuit, dormant tout le jour.

Un autre tiers du village crevait de faim, pour ainsi dire, honnête celui-là dans la détresse. Dorpierre l'employait à la rentrée de ses récoltes, au labourage, aux moissons des terres qu'il faisait valoir. Néanmoins, trois mois de l'année, les malheureux chômaient.

Enfin, le reste vivotait par le commerce et par les champs, car il restait encore une poignée de propriétaires : vingt à trente bourgeois mangeant très dignement leurs rentes.

Le faubourg était une répétition du village.

De fortunes, il n'y en avait pas, quelques bourgeois à l'aise, le peuple malheureux, vivant au jour le jour, puant la misère et la saleté.

Mais là, du moins, des hommes protestaient contre l'infamie de Dorpierre. Des menaces de révolution fomentaient à la forge noire de Constantin. On y parlait du jour proche où l'on se rendrait chez le voleur du village, et ce jour là, n. de D...! il cracherait du sien ou sinon on l'éventrerait vif.

Le soufflet de forge ronflait sur ces paroles du maréchal :

— Je vous le dis, n. de D...! faudra qu'il nous donne du pain ou sa peau.

Mais je crois que du sang coulera avant ce jour. Attendez les élections, mes amis, qui n'a rien vu verra.

XIX

LA PÉRIODE ÉLECTORALE

On entrait dans la période électorale, le mandat du ménager Aubert, de Sédron, touchait à son terme. C'était dans un mois et demi, vers le 15 décembre, qu'un nouvel homme prendrait possession de la Mairie, l'ancien maire déclarant, d'ores et déjà à ses électeurs, ne plus se représenter.

Durant une semaine, les radicaux perdirent le cap, ils ne parvenaient pas à former une liste, leur candidat était introuvable par cette retraite d'Aubert.

Ce fut, en cette occasion, que le maréchal Constantin se dévoua.

— Eh bien ! moi j'accepte, nom de Dieu ! cria-t-il un soir dans sa forge, aux membres du comité, venus pour prendre son avis.

Puisque aucun de vous n'a la force de porter une mairie sur le dos, faut donc se faire connaître. Vous me savez tous un citoyen intelligent, suffisamment capable d'enregistrer, au grand-livre des états-civils, les naissances, les mariages et les décès. Nom de Dieu ! j'ai soigné un an la commune, on ne s'en portait pas plus mal et même, sauf le respect dû aux autorités médicales, on creusait moins de trous aux cimetières, consultez l'enterre-morts. Donc, la commune ne ferait pas un mauvais choix, en me nommant administrateur défenseur de ses droits.

De vos maisons à la mienne, il n'y a qu'un pas, citoyens, vous me trouverez toujours à ma forge, toujours, toujours !

Il y eut un silence.

— Citoyens, reprit-il, si vous me nommez, je vous obtiendrai du Conseil général un bureau de poste et un courrier nous mettant en communication avec Aps et Barson, et, comme je suis faubourien avant tout, c'est ici même, devant vos maisons, que passera ce courrier, c'est à côté de ma forge que l'on vous vendra des timbres. Ce jour-là vous verrez les débitants du village se grouper autour de vous, le commerce descendre forcément au faubourg, attiré par le trafic.

Ce jour-là, tonneliers, tuiliers, paysans, ouvrez des auberges, des cafés, des bureaux de tabac, des épiceries, car les consommateurs seront nombreux.

Un tonnerre d'applaudissements emplit la forge noire. Constantin, par une modestie de circonstance, fit ronfler le grand soufflet pour couvrir tout ce vacarme flatteur.

Besnard, le buraliste, membre du comité républicain, voulut prendre la parole, mais ce fut inutile, tous criaient à tue-tête montrant le forgeron du doigt :

« Voilà notre maire, c'est lui que nous voulons. »

Et ils sortirent en tumulte, comme chassés, à la vérité, par la fumée noire et nauséeuse que la botte d'une mule dégageait en ce moment.

Au village, Dorpierre ne cachait plus ses intentions, il postulait ouvertement la mairie. Thésée, Vaugin, Mathieu, Dizouard, battaient la grosse caisse autour de lui, faisant ressortir sa richesse et son intelligence.

Thésée visita les cafés, échauffant là les esprits, réveillant des animosités éteintes, exposant à tous le merveilleux programme de Dorpierre :

1º Le rétablissement, pour les villageois, du droit de feuille et de bois mort dans les forêts de ménagers. Lui, Dorpierre, se conformait le premier à ces justes dîmes du peuple sur des biens autrefois seigneuriaux ;

2º La demande, à la première session du

Conseil général, d'un crédit de 6,000 francs pour les fouilles d'une source et la construction d'une fontaine sur la place publique;

3º La promesse d'un bureau télégraphique et d'un bureau postal, avec courrier reliant Sodame aux localités d'Aps et de Barson.

Dizouard, en chaire, tonna contre la République et la Franc-Maçonnerie, deux institutions, à son dire, ennemies de l'Église, et il invita ses paroissiens à voter pour le candidat conservateur.

Mais ce furent surtout les Bouffe qui firent une propagande acharnée pour Dorpierre. Ils voulaient, par là, détourner les soupçons de l'usurier sur leur maraudage de la nuit, le prévenir de telle sorte qu'il ne les maltraitât pas trop si jamais il les pinçait charriant son bois, ramassant ses fruits. Il fallait tout prévoir. Cette propagande électorale était pour eux comme une excuse des vols importants qu'ils commettaient à son préjudice. Malheureusement les principales récoltes de celui-ci étaient rentrées, à part le bois et la feuille on ne trouvait plus rien.

Ce fut alors qu'ils avisèrent un de ses greniers, peu distant de leur trou.

A minuit, quand il n'y eut plus un chien dehors, que le village ronflait les poings fermés, les Bouffe sortirent, le vieux, en tête, faisant la reconnaissance des lieux, s'assurant que personne ne viendrait le surprendre. Une fausse clé lui livrait le grenier de Dorpierre, rapidement il remplissait un sac. Ses filles, sa femme arrivaient aussitôt, la curée devenait générale : tabliers, jupes, mouchoirs gonflaient à éclater. Le vieux cependant portait à lui seul, sur le dos, la plus lourde charge, son échine en craquait sous le poids.

Depuis cette découverte d'un grenier, les Bouffe jubilaient, ils n'en dormaient plus, excités par cette joie âcre des vols importants.

« Une sale affaire, par exemple, si on les

« pinçait, un vol avec effraction ! dix ans de
« bagne au minimum. »

Il connaissait ça, lui.

Aussi pendant le jour se faisait-il le champion le plus zélé de Dorpierre, le défendant partout, à l'auberge, dans les rues, dans les maisons, criant aux quatre coins de Sodame que tous les républicains c'était de la canaille, qu'il fallait au pays un maire conservateur, un homme propre, un monsieur, quoi ! Non pas un maréchal ferrant, comme ce Constantin du faubourg, une brute qui posait pour le docteur, ça faisait suer des clous. Il s'indignait, clamant que le village devait se donner un maire, afficher par là son mépris du faubourg et des campagnes.

— Moi, je ne reconnais qu'une autorité possible dans un pays pauvre comme Sodame : l'argent. Qu'avons-nous besoin d'un maire mendiant ? Mendiants, nous le sommes tous, et cependant tous nous ne pouvons être maire. La mairie n'est pas une maison de rapport. Il faut des fonds pour l'entretenir, la gérer honnêtement. Fichtre! on doit représenter quelque chose quand un préfet, un député vous arrivent. Ainsi, vous me nommeriez, par exemple, eh bien! là, franchement, je ne pourrai rien offrir à ces messieurs, pas même une absinthe, je n'ai pas le sou.

Il se personnifiait.

Dorpierre eut une fois l'occasion de l'entendre pérorer. Il resta saisi, jamais il n'eût soupçonné tant de dévouement chez cet homme, et le prenant à part, très généreusement, il lui offrit cent sous. Le vieux Bouffe refusa, se fâcha presque, déclarant qu'il agissait par devoir, qu'il n'était pas de ceux qui flattent uniquement pour tirer leur épingle du jeu, il se disait au-dessus de ces bassesses.

La vérité était qu'il riait sous cape de duper Dorpierre de la sorte.

— Pauvre bougre! pensait-il, tu me la paieras ce soir, je te volerai deux charges de blé,

La campagne électorale marchait sur des roulettes. Le village entier agréait Dorpierre, les uns par esprit de parti, les autres par terreur de l'homme puissant, et l'exemple, comme toujours, entraînait les masses. Même dans les campagnes, des républicains modérés subissaient cette influence. Faisant abnégation de leurs griefs personnels, villageois et paysans spoliés reconnaissaient l'usurier comme le meilleur candidat.

Son programme, il est vrai, était plus complet, plus avantageux pour la commune que celui de Constantin, et l'intérêt local primait l'intérêt privé. On s'élevait au-dessus des rancunes, on sacrifiait sa haine au bien public.

Dorpierre, après une réunion qu'il présida au café Roussot, monta chez lui, le cœur épanoui d'une grande joie. Son rêve se réalisait, ce rêve qui l'avait si longtemps effrayé : la conquête du pouvoir. Les élections devaient avoir lieu le dimanche suivant, dans sept jours.

La première personne qu'il trouva chez lui, dans sa grande cuisine, fut Léonie. Assise sur une chaise, elle pleurait. Il s'émut de ses larmes, la plénitude du succès faisait vibrer en lui une corde détendue : l'affection. Il voulut prendre sa fille dans ses bras, lui demander le sujet de sa tristesse. Léonie se dégagea doucement de cette étreinte paternelle, disant que c'était nerveux, qu'elle pleurait sans raison, comme une enfant, et qu'en réalité elle se trouvait très heureuse.

— Tu me caches quelque chose, insista Dorpierre, tu es souffrante, ton visage est tout pâle. Voyons ! il me revient justement qu'il y a quelques mois tu me parlais des bains de mer, peut-être voudrais-tu y aller?

Léonie lui sauta au cou.

— Mais non, papa, je vous assure, je n'ai pas besoin de prendre les bains de mer, je me porte très bien, c'était une fantaisie à l'époque qui m'a passé aujourd'hui.

— Parce que, vois-tu, mon enfant, il ne

faudrait pas dépérir là, faute de quelques cents francs pour une saison d'eaux, la santé avant tout. Où est ta mère, à propos, j'ai une bonne nouvelle à vous annoncer.

— Et laquelle? papa, comme vous êtes content!

— Ah! ah! où est ta mère? où est Pauline?

Léonie dut aller les chercher dans leur chambre. La joie de son père lui faisait oublier momentanément son chagrin. Elle revint un instant après avec sa mère et sa sœur.

— Eh bien! avoua Dorpierre, quand toute sa famille fut près de lui, il est probable, même certain, que dimanche je serai maire de Sodame.

XX

GROSSESSE

Depuis deux mois Dorpierre ne rentrait chez lui que pour manger et dormir. Les récoltes, les ventes judiciaires, la campagne électorale le tenaient dehors du matin au soir. Maintenant encore pendant une semaine il devait courir ces maudites rues du village, pavées de cailloux pointus. Il rentrait écrasé de fatigue, las du mouvement et du tumulte de tout un peuple surchauffé par des élections, ce qui ne lui permettait pas de remarquer, chez lui, comme une révolution des choses et des êtres. La cuisine était plus noire et plus morte que jamais, il n'y avait de vivant dans cette grande pièce que le foyer, et encore les étincelles y mouraient, une à une, sans la moindre flamme.

Mme Dorpierre, muette sur sa chaise, semblait hypnotisée par l'œil rouge du tison, en proie à de mauvais rêves.

Pauline, droite devant la fenêtre, égarait tour à tour son regard sur la traînée boueuse du boyau des Enclos et le pâle visage, baigné de larmes, de Léonie assise près d'elle, accablée d'une grande douleur.

Pendant deux mois, elle avait ignoré la cause de son chagrin, vainement elle avait cherché à savoir : ni ses larmes, ni ses prières ne purent obtenir un aveu de la pécheresse. Celle-ci affectait alors une gaieté de circonstance, dont les éclats de rire toutefois ressemblaient à des sanglots, ou bien ne répondait que par des gestes d'ennui, irritée d'une sollicitude constante, inquiète de l'empressement que mettait Pauline à la servir, à lui être agréable. Souvent elle la brusquait.

« — Je ne suis pas malade, te dis-je. C'est un parti pris de me soigner d'un mal imaginaire, allons, va-t'en, laisse-moi tranquille ! »

Pauline sortait, toute triste, mais bientôt remontait chez sa sœur, sous un prétexte quelconque : un objet oublié, un conseil de pharmacie.

Léonie avait changé en l'espace de quelques minutes, ce n'était plus qu'une enfant faible, réclamant des soins.

Le temps se chargea pour elle d'une terrible révélation. Ce fut à la fin novembre, seulement, que Pauline connut le malheur.

A cette époque la grossesse de sa sœur ne pouvait plus se dissimuler, Léonie entrait dans son huitième mois. Jusque-là des matinées flottantes, des peignoirs, des surtout d'intérieur avaient pu masquer la difformité naturelle de son ventre, mais en approchant du terme fatal il ne lui était plus permis de céler, sous des étoffes amples, sa maternité s'accusant dans toutes les poses qu'elle prenait pour la soustraire aux regards vierges de Pauline.

Heureusement, Mme Dorpierre avait la vue basse, puis la brave femme ne regardait jamais que ses tisons; le feu seul l'occupait, dans cette grande cuisine noire son tombeau.

Maintenant qu'on ne lui donnait plus rien à fabriquer, ni mouches de Milan ni cataplasmes, elle se désintéressait de la vie.

Léonie ne redoutait que son père, moins pour les coups qu'elle recevrait de sa main dans un accès de colère, que pour le déshonneur dont elle entacherait son nom.

Pauline restait toutefois son plus gros chagrin. La pensée qu'elle serait un sujet de scandale pour cette sœur douce, dévouée, l'aimant comme une mère, que sa propre honte rejaillirait sur sa jeunesse chaste, la poignait d'une douleur lancinante, de remords atroces. Sa faute l'écrasait. Pauline pleura des journées entières sur le malheur de Léonie. Son affection, loin de tiédir pour elle, s'en accrut; elle redoubla de sollicitude, de dévouement, la protégea à toute heure du jour contre les désespérantes tristesses qui l'envahissaient.

Depuis la fin août, Dizouard ne venait plus à la maison neuve. Des terreurs avaient grandi en lui assez puissantes pour rêner la chair, éteindre ce rut animal, insatiable, se révoltant toujours de quarante ans de continence.

Cette ingratitude jeta Léonie dans des colères folles, généralement terminées par des crises de nerfs.

Dès ce jour, elle ne voulut plus sortir, de peur de trahir en public son indignation, si elle venait à rencontrer Dizouard face à face dans une rue.

Elle délaissa l'église, c'était là qu'elle s'était livrée la première fois, ce lieu lui faisait peur, elle resta chez elle à pleurer dans cette chambre remplie de si doux souvenirs.

On la disait souffrante à garder le lit des semaines entières, aussi les dévotes lui pardonnèrent-elles de manquer les offices. On la plaignit beaucoup, et finalement, comme toutes les lamentations des gens de l'église tournent en prières, on commença des neuvaines à différents autels, en vue de son prochain rétablissement.

Dizouard, d'ailleurs, affirmait partout qu'elle était perdue, qu'elle se mourait d'une maladie de poitrine. Il eût voulu l'enterrer vivante dans l'esprit de ses congréganistes; comme il l'avait oubliée, il rêvait de la faire oublier.

Être abandonnée de son amant et ressentir en soi les premiers tressaillements d'une larve humaine, seule porter le poids d'une faute commise à deux, c'est là une injustice qui révolte, un crime que la femme ne pardonne peut-être jamais à l'homme. Une haine profonde grandit en la pécheresse, d'autant plus intérieure qu'elle ne voulait pas aggraver son scandale d'une dénonciation.

Tout d'abord cette pensée qu'elle sauverait l'honneur de celui qui la déshonorait, la rendit folle de rage, à se frapper et à se mordre. Elle ne désirait qu'une seule chose, avoir une explication avec le prêtre, le voir, seule à seul, lui reprocher son fait, dans cette chambre des amours vécues. Oh! elle se sentait assez d'émotion, assez de force pour le faire tour à tour pleurer et gémir, l'inonder de toute cette terreur lâche qui l'avait tant de fois brisé sur son lit.

Il ne vint plus la voir, eut peur d'une rechute de sa chair, n'osa même plus passer devant cette cuisine noire, toujours ouverte sur le boyau des Enclos par où, un jour de soleil, il était entré fatalement au gouffre des voluptés qui étreignent et privent de la raison.

Léonie, après un mois, ne l'attendit plus. D'autres pensées l'obsédaient maintenant, de jour en jour, plus tyranniques.

Elle s'exagérait les souffrances de l'accouchement et les hontes du déshonneur, comme devant la conduire fatalement au tombeau, époux fidèle, celui-là, qui la garderait toujours dans sa couche.

Aux spasmes violents de l'abandon, faits de cris et de sanglots, succéda une douleur muette s'épanchant en des torrents de larmes brûlantes.

Résignée à son malheur, elle n'éprouvait plus qu'un mépris profond de l'homme, encore aimé la veille. Aucune idée de vengeance ne la préoccupait; toute à l'espérance d'une mort prochaine, elle attendait, pleurant d'ici là sa faute.

La terre lui rendrait bientôt le repos perdu, l'oubli intarissable des douleurs. Et elle chérissait, à travers ses larmes, la douce illusion de descendre à la tombe après avoir enfanté son fruit d'amour. Oui! après, seulement! car elle voulait le tenir dans ses bras, ce fils du prêtre, cette chose faite d'elle, portée neuf mois dans ses flancs, elle voulait boucler ses cheveux blonds d'un baiser, voir jaillir en un regard un peu de son âme blanche, orpheline ici-bas.

Son rêve réalisé, elle ne demandait plus rien à la vie, la mort pourrait la prendre et l'ensevelir, elle se livrerait à elle, un sourire aux lèvres, sans un regret, sûre d'un repos éternel.

Elle était lasse. Pourquoi vivre après? Sa route ne serait-elle pas achevée? N'aurait-elle pas connu toutes les joies et toutes les souffrances, toutes les humiliations de la vie? Son éducation serait faite, l'existence ne pourrait plus rien lui enseigner ni du mal ni du bien.

XXI

LE CRIME

La période électorale touchait à sa fin. De part et d'autre on annonçait le succès. Constantin, dans sa forge, donnait le chiffre exact de la majorité radicale : 450 voix! et le Bouffe, au village, affirmait que Dorpierre devait l'emporter de 500 voix, au moins, sur son concurrent du faubourg.

Il ne sortait plus des cabarets, le vieux, se soûlant tout le jour avec des verres de vin. Cependant, à la nuit tombante, il rentrait chez lui, titubant, tenant toute la rue, le corps secoué d'un hoquet ignoble, on s'attendait à le voir s'affaisser dans les ruisseaux.

Mais très tard, vers minuit, lorsque le village ronflait, des forces suffisantes lui revenaient pour charrier sur l'échine de pleins sacs de blé. Pendant ces derniers jours surtout de la période électorale, Dorpierre, à son insu, lui payait au centuple sa propagande.

Des pensées de révolution fomentaient à la forge de Constantin.

L'heure de la restitution du bien volé sonnait enfin pour Dorpierre, disait-on ouvertement, là-bas, dans ce trou noir où luisait un œil rouge, sanglant, l'œil de la forge.

— « Tonnerre de Dieu ! jetait Constantin en pesant sur le soufflet, ça va être une rude victoire, dimanche, vous pourrez l'étrangler à votre aise l'usurier. Ce jour-là le peuple doit avoir satisfaction, son malheur crie vengeance depuis trop longtemps, il faut en finir.

« Je vous le dis, gueulait-il plus fort, du sang coulera dans les rues, des ruisseaux de sang, il faut que le village entier saigne, s'il vote pour Dorpierre. »

Il s'excitait en chauffant une barre de fer, le feu lui brûlait les yeux et les joues. Ses discours, au demeurant, étaient une pure fantaisie. Comme on le savait un peu fou, on n'ajoutait qu'une foi médiocre en ses prédictions sinistres. D'ailleurs, lui-même parlait pour parler, ne croyant pas un mot de tout ce qu'il affirmait. Personnellement, il n'eût pas fait de mal à une mouche et ces ruisseaux de sang, qui devaient rouler dans les rues, en réalité n'existaient que dans son rêve, évoqués par les laves rouges du fourneau. Il subissait une hallucination et la traduisait fidèlement à ses électeurs.

Le grand jour arriva.

Dès cinq heures du matin le vieux Bouffe était sur pied, battant les ruelles du village, frappant à toutes les portes, criant des noms. Les fenêtres s'ouvraient. En bras de chemise les gens se montraient, mal réveillés, rêvant encore, ne comprenant pas bien ce qu'on voulait d'eux à cette heure indue.

La plupart se recouchaient, il y avait des étoiles plein le ciel. Tout de même on se moquait d'eux; franchement, le Bouffe perdait la tête.

Mais les membres du comité électoral s'habillaient précipitamment, comme pour un incendie. Qui sait, l'élection se faisait sans eux? on votait peut-être déjà? Et ils se hâtaient de descendre, dérangeant leur femme, réveillant leur chien et leurs poules.

Cette nuit-là le Bouffe avait commis un vol si important dans le grenier de Dorpierre qu'il n'avait pu s'endormir, surexcité par une joie mauvaise de larron impuni, et alors il avait pensé à faire lever les gens pour qu'on lui payât à boire, le parti conservateur lui devait bien cela; somme toute si l'on gagnait sur le faubourg c'était grâce à lui qui avait décidé le village pauvre, pouilleux, crevant de faim, à voter pour Dorpierre.

Les cafés s'ouvrirent au bruit qu'il faisait, recrutant des soifs.

A sept heures, il bégayait; à huit, absolument soûl, il brisait des verres, insultait tout le monde; on dut le mettre à la porte de différents endroits.

Dans les rues il distribua alors des bulletins de vote, d'un papier si mince que plusieurs adhéraient entre eux avec l'épaisseur d'un bulletin ordinaire.

Dorpierre attendait beaucoup de ces bulletins qui faciliteraient une fraude inavouable, mais d'un succès certain.

Le Bouffe les prodiguait.

Maintenant le village était levé, des groupes se formaient, à tous les carrefours, de villageois, de campagnards, de faubouriens. Çà et là, des parlotes en plein vent, des chuchotteries basses, des disputes, des contestations, des gens qui faisaient du bruit et des gens silencieux. Une grande ruche ronflait au soleil.

Le faubourg cependant avait son quartier général sur la place de l'Église, à cent pas au plus de la mairie.

Constantin pérorait, clamant des « nom de Dieu ! », des « tonnerre de Dieu ! », sur la porte même de l'église. C'était l'heure de la messe. Les femmes poussaient de petits cris en entendant claquer les jurons, les dévotes se signaient, mais ce grand coquin de forgeron ne finissait pas de sacrer. Aussi n'avait-il rien sous la main, ni marteau, ni soufflet de forge, quelque chose enfin qui scandât son verbe large, c'est pourquoi il jurait tant.

Dorpierre donnait ses instructions finales à la halle publique, la salle de bal des dimanches. Là, Mathieu, Vaugin, Thésée, l'assistaient, l'approuvant du geste et de la voix.

De part et d'autre on proclamait la victoire.

Le scrutin s'ouvrit à une heure.

Dans la mairie, Aubert de Sédron et son conseil s'étaient assis à une grande table, surveillant l'urne placée au milieu. Dorpierre et Constantin arrivèrent peu après l'ouverture du bureau. Debout, chacun, devant la commission, ils épiaient les électeurs, cherchant à pénétrer leur vote dans leurs regards. Ceux-ci entraient, déposaient le bulletin dans l'urne et sortaient silencieux et lents, avec cette satisfaction sur la face du devoir accompli; c'étaient des campagnards de mœurs paisibles.

Les villageois et les faubouriens arrivèrent à deux heures, tous à la fois, sous le coup d'une digestion.

Les portes n'étaient pas assez grandes, ils s'écrasaient, s'étouffaient, blasphémant comme des païens. Les gens soûls roulaient par terre, barraient l'entrée.

Cependant le garde-champêtre Benoît parvint à rétablir l'ordre en ne permettant l'accès de la salle qu'à dix électeurs à la fois

Mais le flot humain ne tarda pas à crever de nouveau, plein de tumulte.

Ce fut une confusion indescriptible. Le maire et son conseil se levèrent pour défendre l'urne, la maintenir sur la table. On la renversait, on voulait l'enlever, et maintenant, par poignées, les bulletins de vote y pleuvaient dedans.

Une fraude scandaleuse se passait sous les yeux des autorités, on violait le scrutin.

A cinq heures, les votes furent clos, la foule qui s'était ruée sur l'urne attendait immobile.

Des conversations s'élevaient, sourdes, autour du bureau, le jour tombait.

Les petits bulletins de soie distribués par le Bouffe donnèrent la victoire au parti conservateur, Dorpierre était élu à une majorité de trois cent cinquante-six voix !

Une clameur horrible accueillit cette nouvelle. Les radicaux crièrent au scandale, à la fraude, parlant de dénoncer l'élection au préfet si on la validait. Une bataille s'engagea. Par bonheur, une dizaine de colosses eurent la pensée de refouler dehors la bagarre, on put alors vérifier le dépouillement du scrutin. L'opération confirma le triomphe de Dorpierre.

Dehors, dans le noir des ruelles, on s'étranglait, des querelles se vidaient à tous les vingt pas, et quelques faubouriens attendaient l'usurier.

— « Ils auraient quand même une explication avec lui, malgré que leur parti fût battu. »

Mais Dorpierre sortit entouré de l'ancien et du nouveau conseil. On se contenta de siffler à son passage.

En remontant le boyau des Enclos il heurta à quelque chose de mou que l'obscurité de la ruelle ne laissait point distinguer tout d'abord. Il se pencha, étendit la main et soudain poussa un cri. Sa main était pleine de sang, froid, mal caillé, un cadavre gisait devant lui. Tous les conseillers s'approchèrent, on releva le corps.

C'était celui du vieux Bouffe. Le malheureux avait tellement bu que, sans doute, le pied lui avait manqué en descendant le soir dans cette ruelle, et tombant à la renverse il s'était fracturé la tête sur un caillou, à l'occiput, cette partie du crâne justement où la teigne, chaque année, exerçait de si grands ravages. Le sang avait maculé le cou et la joue droite du mort. Quatre hommes le rapportèrent chez lui.

Malgré ce fâcheux accident, arrivé au porte-croix de l'élection, Dorpierre montait à sa maison neuve le cœur débordant de joie.

Son rêve se réalisait par la double conquête du village : fortune et pouvoir. Des bouffées d'orgueil le grisaient à le faire défaillir. Jamais seigneur du moyen âge n'avait été plus puissant que lui. Il ne prélevait pas seulement une dîme sur les biens du pauvre, il les possédait légalement sans avoir à les défendre d'un suzerain voisin.

Et son pouvoir administratif ne relevait

que de l'État; la force armée lui prêterait main-forte en cas d'émeute.

Nommé chef de sa commune par la République, personne ne pourrait le supplanter dans ses fonctions durant quatre ans.

Il entra chez lui en délire de ce triomphe.

— Où était Mme Dorpierre? Léonie? Pauline? tout le monde enfin.

Dans la cuisine une bûche mourait, cette lueur indécise ne lui permit de les voir. Elles étaient là cependant, Mme Dorpierre assise au coin de l'âtre, les bras croisés, Pauline, Léonie, droites devant la fenêtre, regardant la ruelle déserte.

Pauline s'avança.

— Vous arrivez, papa, alors nous allons dîner, nous n'attendions que vous.

Dorpierre la prit dans ses bras :

— Ma petite fille, papa ce soir est Monsieur le Maire. Un succès fou! 356 voix de majorité!

— Ah! tant mieux!

— Eh oui! tant mieux! Allons, éclaire

vite! allume les candélabres de la salle à manger, ce soir on peut se payer ce luxe. Vite, vite..., d'autant que ma nomination ne m'a rien coûté.

Léonie s'approcha.

— Tiens! c'est toi, grande fille? et tu restais là, sans rien me dire?

— Je vous écoutais. Tout le jour j'ai bien pensé à votre élection, j'étais inquiète de ne pas vous voir rentrer; aussi je suis contente, si vous saviez, de votre triomphe!

Elle parlait d'une voix lente, profondément triste.

Pris d'une tendresse subite pour sa fille aînée, M. Dorpierre l'entraîna en l'embrassant. Pauline avait allumé les candélabres de gala à contre-cœur. Cette grande lumière l'effrayait. Maintenant dans la cuisine il ne restait plus que Mme Dorpierre. La pauvre idiote n'avait pas bougé de sa chaise, le triomphe de son mari la laissait froide et muette devant l'œil mourant d'un tison. Pendant un quart d'heure elle entendit causer dans la pièce voisine, puis un silence se fit, coupé de sanglots, enfin un appel étouffé : « A moi ! à moi ! », suivi de la chute d'un corps sur les dalles. Elle s'éveilla de sa torpeur, se leva toute tremblante, devinant un malheur.

La porte de la salle à manger était fermée, elle frappa, personne ne lui ouvrit. Alors, collant un œil à la serrure, la malheureuse mère eut un spectacle épouvantable :

Dorpierre furieux, hurlant de rage, se ruait sur sa fille aînée étendue par terre, la frappant à coups de poing.

Pauline, droite contre le mur, les mains crispées, le visage blême, méconnaissable, tout le corps raidi d'épouvante, suivait cette scène monstrueuse.

Enfin Dorpierre se leva (Léonie n'était plus qu'un cadavre), et, prenant son élan de fou furieux vers la porte, il la défonça d'un coup d'épaule.

Mme Dorpierre n'eut que le temps de s'effacer, la porte tomba devant elle, livrant passage à l'assassin qui hurlait maintenant dans la cuisine :

— « Ma fille est enceinte ! Ma fille est enceinte ! Je suis déshonoré ! »

En ce moment, attirés par ces cris, entrèrent des passants.

Léonie gisait, inerte, le visage tuméfié de coups de poings, un œil sortait.

Devant elle, Pauline restait droite, en proie à une crise de nerfs.

Sur le seuil de cette pièce, Mme Dorpierre, à genoux, les mains jointes, dévorait sa fille morte de regards.

Et toujours, de la cuisine noire, arrivait ce cri de l'assassin :

— « Ma fille est enceinte ! Je suis déshonoré ! »

FIN.

TABLE DES MATIÈRES

I. — Le village de Sodame. 1
II. — Monsieur Dorpierre. 10
III. — Monsieur Télamon. 29
IV. — Un mémoire de pharmacie. 45
V. — Les pharmacopoles. 58
VI. — La dévotion. 77
VII. — Le nouveau pasteur. 94
VIII. — Presque une chute. 103
IX. — Les danses. 116
X. — L'espionnage. 131
XI. — Le sacrilège. 144
XII. — De pluribus. 157
XIII. — Conversion. 174
XIV. — Un mariage. 183
XV. — Une journée de soleil. 195

XVI. — A corps perdu.		208
XVII. — L'emprise.		219
XVIII. — Les récoltes.		230
XIX. — La période électorale.		243
XX. — Grossesse.		254
XXI. — Le crime.		263

FIN DE LA TABLE.

SAINT-DENIS. — IMP. LÉON MOTTE, 20 BIS, RUE DE PARIS